進口手錶年鑒

葉選平題

叶选平先生为本书题字

策划：名表论坛
主编：锺泳麟
编委：吴奕能 梁春明

图书在版编目 (CIP) 数据

进口手表年鉴 . 2011 / 锺泳麟主编 . — 沈阳 : 辽宁科学技术出版社 , 2011.10
ISBN 978-7-5381-7197-6

Ⅰ . ①进… Ⅱ . ①锺… Ⅲ . ①进口商品－手表－中国－ 2011 －年鉴
Ⅳ . ① F752.654.4-54

中国版本图书馆 CIP 数据核字 (2011) 第 216566 号

进口手表
年鉴
2011

JINKOU SHOUBIAO NIANJIAN 2011

出版发行：辽宁科学技术出版社
（地址：沈阳市和平区十一纬路 29 号 邮编：110003）
印刷者：上海南朝印刷有限公司
经销者：各地新华书店
幅面尺寸：210mm x 274mm
印张：19.5
插页：4
出版时间：2011 年 10 月第 1 版
印刷时间：2011 年 10 月第 1 次印刷
责任编辑：郭健
装帧设计：颖川堂有限公司
制作：陈峰
责任校对：李霞

书号：ISBN 978-7-5381-6656-9
定价：198.00 元
联系电话：024-23284536，13898842023
邮购电话：024-23284502
E-mail：rainbow_editor@163.com
http://www.lnkj.com.cn
鸣谢：颖川堂有限公司
香港地址：香港北角渣华道 8 号威邦商业中心 1702 室
电话：(852) 25081318
传真：(852) 25086238
网址：www.cdv.com.hk
电子邮箱：cdv@netvigator.com
大陆地址：上海市静安区延安西路 129 号华侨大厦 1910 室
电话：(021) 62492700

进口手表年鉴
2011

名表论坛 策划
锺 泳 麟 主编

辽宁科学技术出版社

BASE 1000
AP
AUDEMARS PIGUET

Montblanc®
CHRONOGRAPH
NICOLAS RIEUSSEC
ANNIVERSARY EDITION
SWISS MADE

Elegance is an attitude
优雅态度 真我个性
凯特·温丝莱特

目录

Contents

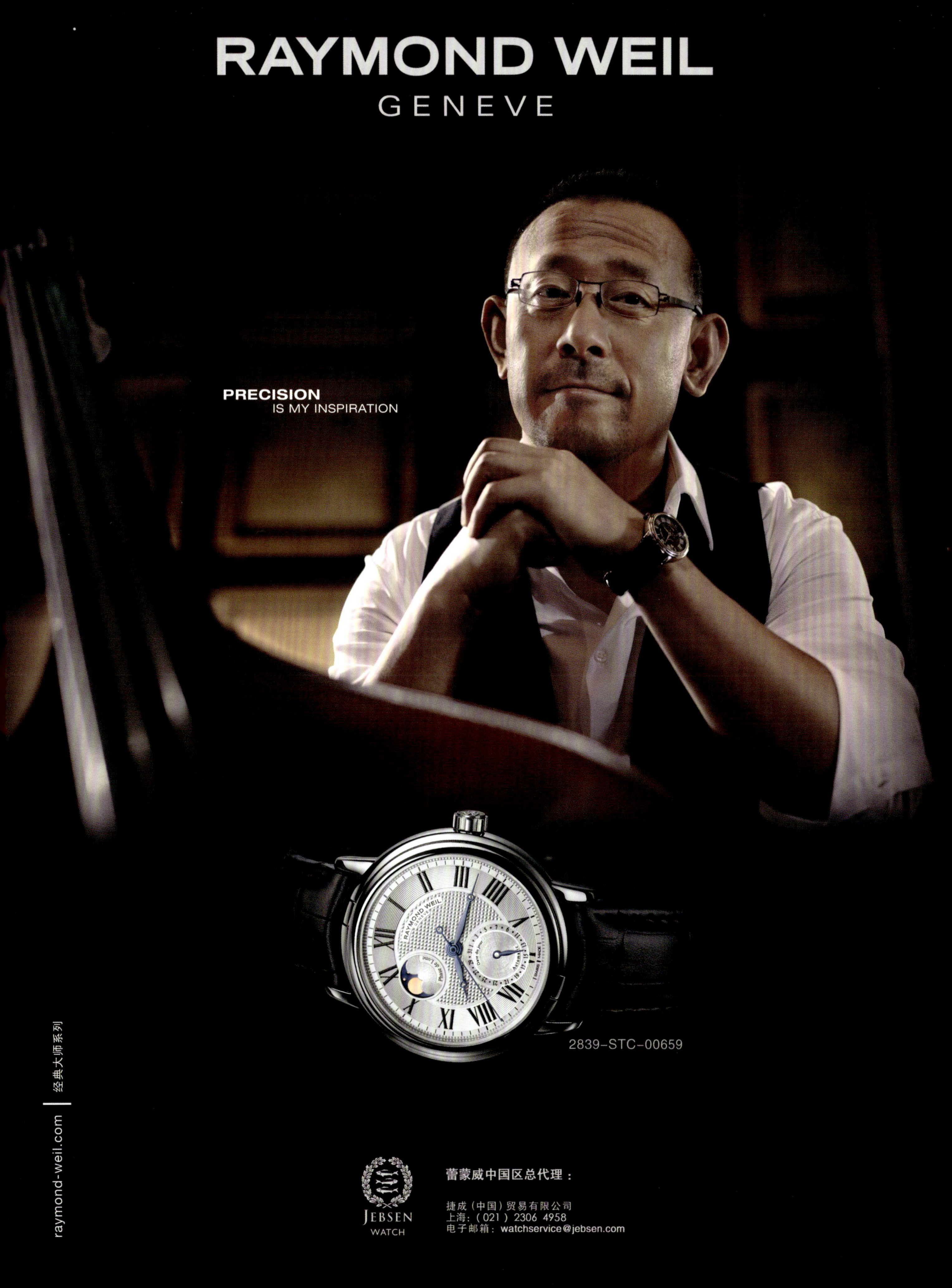
RAYMOND WEIL
GENEVE
PRECISION
IS MY INSPIRATION
2839-STC-00659
raymond-weil.com
经典大师系列
JEBSEN
WATCH
蕾蒙威中国区总代理：
捷成（中国）贸易有限公司
上海：（021）2306 4958
电子邮箱：watchservice@jebsen.com

GS
Grand Seiko
SEIKO
GS
Grand Seiko
AUTOMATIC
HI-BEAT 36000
6
Grand Seiko Hi-Beat 36,000
自动上链机械腕表 Ref.SBGH005J
建议零售价 RMB 59,700

Cartier

几年前，当CARTIER（卡地亚）宣布旗下CPCP（巴黎收藏家）系列停产后，不少收藏家或钟表爱好者都有些许失落，如同失恋了一般。不过CARTIER（卡地亚）之后的动作，似乎验证了“你会找到更好的”这句话，先后推出了具备日内瓦印记的自产机芯，以及由多款具备前卫复杂技术、功能手表组成的高级制表系列。

今年，在高级制表系列中共有4款引人入胜的表款推出，每一款的功能、技术都令人耳目一新。Rotonde de Cartier Astrorégulateur共耗时5年研发，申请专利达4处。视觉上便给人非同一般的感受，时、分指针被上移到12时位置，下半部一个大大的圆形窗口格外吸引人，简单来说，它就是将擒纵系统安装在了自动摆陀上。半圆形的摆陀转移到机芯正面，并与擒纵系统固定在一起，而且这个摆陀还是双向上链。摆陀同时还具有铂金配重，以保证有效的上链效率。虽然其他品牌之前也有陀飞轮与摆陀共处于表盘的做法，但CARTIER（卡地亚）这个做法更加卓绝，它虽然不是陀飞轮，但精神原理上，它还是陀飞轮的处理方法：利用摆陀的重量，无论手腕怎么摆动，必然会使擒纵系统长期处于摆陀垂直位置的上方，某种程度上是还原了怀表的原型，比其他所谓的自由陀飞轮显得更加自由。同时，机芯还有另一组齿轮会跟随摆陀做反方向运动以补偿摆陀在大幅度运动时对摆轮游丝造成的误差。表壳方面也不含糊，采用铌钛合金制作，重量居然只有55g，有镶钻及不镶钻的版本，均为少量限量制作。

另一款陀飞轮——Calibre de Cartier Astrotourbillon同样不是传统意义的陀飞轮手表，中文名译为“天体运转式陀飞轮”，擒纵结构完全化身为手表的指针，每分钟环绕表盘运转一周。今年这款表，属于改良版本，去年Astrotourbillion手表震惊宇宙，价钱居然也不贵，自然叫好又叫座，不够卖了。全新表款换上了Calibre de Cartier的外衣，豪迈之中带有些许灵动气质。

Rotonde de Cartier Astrorégulateur
铌钛合金表壳，直径50mm，鳄鱼皮表带配18K白金表壳，Cal.9800 MC手动机芯，直径35.8mm、厚10.1mm，43石，281个零件，转陀驱动擒纵机构，摆频每小时21,600次，80小时动力储存。镶钻版限量10只，非镶钻版限量50只。

Calibre de Cartier Astrotourbillon
钛金属表壳，直径47mm，鳄鱼皮表带配白金折叠扣。Cal.9451 MC手动机芯，直径38mm、厚9.01mm，23石，187个零件，摆频每小时21,600次，48小时动力储存。

Calibre de Cartier multiple time zone

18K白金表壳，直径45mm，鳄鱼皮表带配白金折叠扣。Cal.9909 MC自动机芯，直径25.58mm、厚6.68mm，27石，287个零件，摆频每小时28,800次，48小时动力储存。

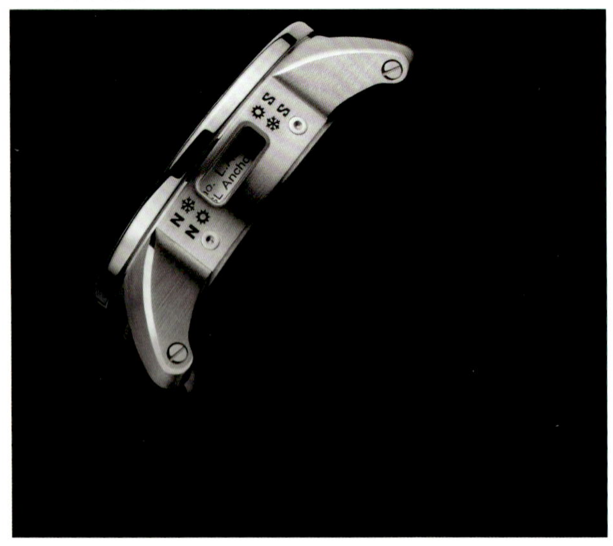

Calibre de Cartier 复杂镂空

18K 白金表壳，直径 45mm、厚 18.7mm，镶嵌 358 颗钻石重约 11 克拉，鳄鱼皮表带配白金折叠扣。Cal.9436 MC 手动机芯。限量 5 只。

Calibre de Cartier Multiple time zone多时区手表同样十分特别。我感觉表款的名称起得有点低调，从实际使用上看，称为“世界时”也是不过分的。因为它同样具有24时区城市名称转盘，无需计算时差便可得知第二时区的时间。表盘是令人想象不到的简洁，中心除了时、分之外还具有一根第二时区显示。指针为24小时制，通过两端太阳或月亮的造型区分第二地的昼夜。较为特别的是下方的半圆形视窗，显示的是本地与异地的时差数。最神奇的则是在表壳的侧面，一个小窗口显示着城市名称，向前或向后自由调节24个时区。搭配表盘的时差指针，可以通过两种方式调校第二时区的准确时间：时差或地区。

如果对CPCP还念念不忘的话，似乎可以在Calibre de Cartier复杂镂空手表上找到些许“她”的影子。这款表拥有八日动力、陀飞轮、万年历及单按钮计时功能，绝对算得上是款高复杂手表了，机芯还整体经过镂空装饰，通过表盘看到里面复杂的结构真是让人心潮澎湃呢。这款机芯出自瑞士的“明星制表师”PAPI之手，他做的复杂手表的确魅力非凡。这款手表，虽然在他的老“东家”爱彼那里见过类似的款式，但放在Calibre de Cartier表壳内，再加上那么多钻石的装点，就有了别样的恢弘气度。

Santos-Dumont Carbone 碳镀层镂空

钛金属和ADLC碳镀层表壳，尺寸38.7mm×47.4mm、厚9.4mm，鳄鱼皮表带配折叠扣。Cal.9612 MC手动机芯，20石，摆频每小时28,800次，72小时动力储存。

Pasha de Cartier浮动式陀飞轮镂空

18K白金表壳，直径42mm，鳄鱼皮表带搭配18K白金折叠扣。Cal.9457 MC手动上链机芯，日内瓦印记，19石，175枚零件，摆频每小时21,600次，50小时动力储存。

对于镂空手表，我一直觉得一是看骨感，二是看形。这两方面均不容易，**CARTIER**（卡地亚）明显属于后者，机芯的镂空与表款设计完美融合，天衣无缝！今年我们见到了两款镂空手表，都是属于升级、改良版本。**Santos-Dumont Carbone**一改之前文雅的气质，整体经过黑色碳镀层处理后显得酷酷的。机芯的镂空结合了罗马数字的形状，同样也经过了黑色处理。在我的印象中，**CARTIER**（卡地亚）“黑”的极罕，并且这是**100%**原汁原味的设计，并不是个人找第三方公司后期处理的产物。

另一款镂空表来自于**CARTIER**（卡地亚）开创制表新维度的代表表款——**Pasha de Cartier**浮动式陀飞轮的镂空版。机芯经过镂空之后的造型形成了一幅标准的**Pasha**系列的数字表盘，真叫人拍手叫绝！同样在**Pasha**系列中，还有一款面具猎豹手表，简单的手动上链机芯镂成了代表**CARTIER**（卡地亚）的豹头图案，做珠宝起家的品牌确实有一些独到的地方！

Calibre de Cartier小三针
不锈钢表壳，直径42mm、厚10mm。Cal. 1904—PS MC自动机芯。

Calibre de Cartier万年历
18K红金表壳，直径42mm、厚16.5mm，鳄鱼皮表带配红金折叠扣。Cal.9422 MC自动机芯，直径32mm、厚5.88mm，33石，293个零件，摆频每小时28,800次，52小时动力储存。

之前反复提到了Calibre de Cartier，这是CARTIER（卡地亚）在蓝气球之后又一全新的主打系列。它就像一张空白的信纸，等待CARTIER（卡地亚）书写上更多的内容。今年可见，Calibre de Cartier多功能的款式很丰富，将这个系列不断扩充着。去年在Tortue上应用的万年历布局，这不，来到了Calibre de Cartier的面盘上，似乎功能与表壳更对味。

而就像服装搭配一样，稍微换件衬衫就可能让全身的感觉不同。在首次亮相的Calibre de Cartier表款中，并没有链带款式。今年新增加了三连样式的金属链带款式，只是和某品牌常用的款式相比，中间的一节特别宽而已。夏天戴这个，可以作为一种目标去制定。

Extra-flat Ballon Bleu de Cartier

18K红金或950铂金，直径46mm，鳄鱼皮表带搭配红金或铂金折叠扣。

Ronde Louis Cartier XL

18K红金或白金表壳，鳄鱼皮表带搭配红金或白金表扣，白金版共镶嵌648颗钻石重约2.79克拉，Cal. 9754 MC手动机芯，19石。

如果想要稳重、雅气的造型，自然也是有的。Ronde Louis Cartier XL，最经典的造型，稳中求变，小秒盘挂在11时位置。有红金的正装款，还有镶满钻的晚宴装。这简直是一对对表，并且可以互换。另外，Ballon Bleu蓝气球今年也出了超薄款式。我一直对超薄手表有特别的好感，特别是一些高级品牌的，给人一种很纯粹的感觉。而且，在今年的SIHH，似乎掀起了一股“超薄风”，后面还有更意想不到的超薄手表。蓝气球的超薄手表，雅气是必需的，表壳依然圆润，只是厚度减小了不少，使表把都突出了表壳。除了常规的红金款式外，还有950铂金款式，表盘用了很特别的蓝色。不锈钢、白金、铂金从外观基本看不出区别，但人们似乎还是不喜欢低调到底，花多的钱，还是要有些特别的地方。记得其他品牌也有类似的做法，某一特定颜色的表盘只用在铂金手表上，或是在一些不起眼的地方镶个小钻……

Délices de Cartier

18K红金或白金表壳，三种尺寸可选：31.53mm×36.07mm；38.39mm×43.81mm及49.18mm×50.47mm，表壳及表盘或镶嵌钻石，绢制表带或金属链带，石英机芯。

说**CARTIER**（卡地亚）是手表造型艺术师绝不为过，只有你想不到，没有她做不来的。其实钟表和艺术也一直是不分彼此的一对。**Délices de Cartier**是全新的系列女表，有大小两种尺寸及一款奢华的超大号尺寸可选，表圈如同两条舞动的丝带。这只是我的想象，造型艺术，本身只是一种意向的挥发，你说它像啥就像啥，你说它有什么哲学意义就有什么哲学意义。其实本来是无意义的，人活着本身也许是无意义的，只是凭空搞出来很多意义。如此说来，美，也便是无意义的。

Rotonde de Cartier 北极熊
18K 白金表壳，直径 42 mm，半透明镂空珐琅工艺制作表盘，鳄鱼皮表带配白金折叠扣。Cal.9601 MC 手动机芯。限量 40 只。

Rotonde de Cartier 马赛克海龟
18K 红金表壳，镶嵌 68 颗钻石重约 1.39 克拉，直径 42mm，表盘饰以由 1000 多颗颜色各异的宝石镶嵌马赛克海龟图案，鳄鱼皮表带配红金折叠扣。Cal.9601 MC 手动机芯。限量 10 只。

Rotonde de Cartier 棕熊
18K 白金表壳，直径 42 mm，珍木细工镶嵌棕熊图案装饰表盘，鳄鱼皮表带配白金折叠扣。Cal.9905 MC 手动机芯。限量 50 只。

如果您认为，在CARTIER（卡地亚）这个篇目中，我把最精彩的都放在了开头，那真是错了。CARTIER（卡地亚）有专门的珐琅工作室或者可以说是表盘工作室。这类大师工艺手表每年都会做很多，但每款的数量却少得可怜。今年比较公认的一个亮点可能是这款Rotonde de Cartier马赛克海龟，无数各色宝石被打磨切割成边长0.75mm，厚0.4mm的小方块，之后依照颜色拼接，镶嵌出一幅海龟图案。这其中有缟玛瑙、虎眼石、鹰眼石、黄色彼得石、红玉髓等。

与海龟使用相同表壳的还有北极熊。表盘采用了珐琅工艺，但是又很特别，称为半透明珐琅。表面看去似乎与内填珐琅相近，但这个表盘是没有基板的，那些金属线只是一个镂空的框架，烧制出来后，颜料呈现出半透明状态，如同琉璃，或是教堂的彩色玻璃。只是安装在手表中后，这种透明的质感多少打了折扣，我在想，此种工艺若是用在神秘钟上会是怎样一番景象？

此外，还有一只棕熊，盘面采用木头拼接工艺制作，这同样是一种传统而繁琐的工艺。需要将各种色泽、纹理的木头切割成薄片，再根据画面的需要将其修剪成型，拼接成画。这类手表几乎每年都有，今年这只棕熊的特别在于采用了跳字机芯。跳字手表在市场中一直好评如潮，它与木质拼接表盘的结合还是头一遭。

Ballon Bleu de Cartier 灵猴
18K白金表壳，镶嵌126颗圆钻，重约1.95克拉，大明火内填珐琅灵猴图案装饰，表盘镶嵌225颗干邑色钻石，重0.84克拉，鳄鱼皮表带配白金折叠扣。Cal.049自动机芯。限量50只。

Santos 100 蜂鸟
18K白金表壳，镶嵌216颗圆钻，重约1.09克拉，大明火内填珐琅蜂鸟图案装饰表盘，细工镶嵌珍珠母贝，并镶嵌20颗粉红蓝宝石（重0.08克拉），鳄鱼皮表带配白金折叠扣。Cal.076自动机芯。限量50只。

Tortue XL猎豹
18K黄金表壳，手工雕刻及大明火内填珐琅装饰表盘，鳄鱼皮表带配黄金折叠扣。Cal.9601 MC手动机芯。限量80只。

猎豹好像也是每年都有，只不过今年这款Tortue XL猎豹很是特别。新闻资料说猎豹的胡子很难做，我倒不觉得，而是那种眼神，孤傲冷漠的眼神。将手表拿在手里，会发现猎豹的眼睛部分特别立体，我们猜测是一种特别的宝石镶嵌，结果回来查阅资料发现并不是什么宝石，而同样是珐琅烧制出来的，所谓画龙点睛，说的便是如此吧！

在这个动物世界中，还有一些璀璨的、奢华的珠宝手表。这对CARTIER（卡地亚）来说不足为奇，这些似乎只能显示时间的珠宝，时间在这款手表上只是一种可有可无的附属品。多说不宜，留出空间由您尽情欣赏。

Pasha de Cartier 猎豹

18K红金表壳，直径42mm，共镶嵌330颗钻石，重约4.11克拉，两颗沙弗来石和一颗缟玛瑙，绢质表带搭配红金镶钻折叠扣。Cal.9615 MC手动机芯。

Féline de Cartier Watch

18K白金表壳，共镶嵌钻石655颗，重约7.01克拉，眼睛为两颗祖母绿宝石，鼻子为缟玛瑙，绢质表带搭配白金镶钻折叠扣。石英机芯。

Le Cirque Animalier de Cartier

Calopsitte Decor Watch鸡尾鹦鹉

18K红金表壳，镶嵌813颗钻石，重约6.10克拉，56颗粉红色蓝宝石，重约0.72克拉，白色珍珠贝母表盘，红金镶钻表扣配绢质表带。石英机芯。

Le Cirque Animalier de Cartier

Gecko Decor Watch壁虎

18K白金表壳，镶嵌936颗钻石，重约6.27克拉，两颗祖母绿宝石眼睛，大溪地珍珠贝母表盘，黑瓷漆和镶钻壁虎身体，白金镶钻表扣配绢质表带。石英机芯。

Le Cirque Animalier de Cartier

Turtle Decor Watch海龟

18K白金表壳，镶嵌935颗钻石，重约6.27克拉，两颗祖母绿宝石眼睛，内填和微绘珐琅表盘，白金镶钻表扣配绢质表带。石英机芯。

Mille et une heures de Cartier系列珠宝腕表

18K白金表壳及链带，镶嵌圆形与梨形切割钻石，石英机芯。

Mille et une heures de Cartier系列tutti frutti 风格神秘腕表

18K白金表壳及链带，中央可开启表盖镶嵌祖母绿，tutti frutti（水果锦囊）风格表带镶嵌圆钻以及叶形雕刻蓝宝石、祖母绿和红宝石，石英机芯，独一无二。

Mille et une heures de Cartier系列羽毛装饰神秘腕表

18K白金表壳及表带，中央可开启表盖镶嵌祖母绿，圆形、梨形及方形钻石，石英机芯，独一无二。

售后服务中心

城市	地址	联系电话
北京市	崇文区崇文门外大街3号新世界B座601室	+86/010 6709 4888
上海市	宝庆路1号爱美高大厦501室	+86/021 6161 2888

精品店

城市	地址	联系电话
北京市	东城区王府井金鱼胡同8号王府半岛酒店大堂	+86/010 6523 4261
	朝阳区建国门外大街1号国贸商城一层L104铺	+86/010 6505 6660
	朝阳区建国门外大街2号北京银泰中心悦·生活一层106-110号二层208-210号	+86/010 8517 1221
	东城区王府井大街88号乐天银泰百货109号店铺	+86/010 5978 5161
	朝阳区安外安立路8号时代名门商场1004-1005铺卡地亚精品店	+86/010 8498 6669
	西城区复兴门内大街101号百盛购物中心首层	+86/010 6606 8288
上海市	南京西路1266号恒隆广场一层133/135	+86/021 6288 0606
	中山东一路18号A单元	+86/021 6323 5577
	浦东新区世纪大道8号国际金融中心商场L1-2 & L2-2号商铺	+86/021 5012 1518
	卢湾区淮海中路283号香港广场南座第一及第二层SL1-04及SL2-04商铺	+86/021 6390 8800
杭州市	武林广场1号杭州大厦购物中心B-102店铺	+86/0571 8510 5993
	上城区平海路129号湖滨国际名品街一层至二层商铺	+86/0571 8703 5100
	江干区富春路701号万象城一层151号商铺	+86/0571 8970 5008
成都市	人民东路59号仁和春天百货人东店1楼	+86/028 8667 8066
南京市	中山路18号 德基广场一楼L112.L113店铺	+86/025 8476 4588
长沙市	五一大道368号友谊商店A座卡地亚精品店	+86/0731 8565 0556
武汉市	江汉区解放大道690号武汉国际广场购物中心一楼	+86/027 8571 7612
宁波市	和义路66号和义大道购物中心，店铺1006	+86/0574 8389 9568
苏州市	人民路383号苏州泰华商场西楼一层112号	+86/0512 6572 7020
无锡市	中山路168号B101铺位	+86/0510 8273 0318
哈尔滨市	南岗区花园街403号新世界百货商场一层47/59商铺	+86/0451 5365 1739
	市道里区安隆街106号1103店	+86/0451 87736836
长春市	朝阳区重庆路1255号长春卓展时代广场一层A-101店	+86/0431 8896 1510
沈阳市	沈河区北京街7-1号卓展购物中心一层	+86/024 2279 5151
	和平区太原北街86号中兴－沈阳商业大厦一层	+86/024 2341 2599
天津市	和平区解放北路188号天津海信广场一层	+86/022 2319 8111
乌鲁木齐市	友好北路589号美美百货	+86/0991 6999 800
太原市	府西街45号华宇国际精品商厦102商铺	+86/0351 333 9698
大连市	中山区人民路41号大连新世界大厦101-102、201-202#	+86/0411 8807 8765
青岛市	澳门路117号 海信广场115/117铺	+86/0532 6678 8118
广州市	环市东路369号广州友谊商店一层	+86/020 8359 0702
深圳市	深南中路1095号中信城市广场西武百货1013-1014店铺	+86/0755 2594 3633
	罗湖区宝安南路1881号华润万象城二期S133、S233号商铺	+86/0755 2265 5195
昆明市	白塔路131号金格百货汇都店F1铺	+86/0871 3123 292
温州市	鹿城区车站大道577号财富购物中心一层105-109号	+86/0577 8800 7608
重庆市	渝中区邹容路100号重庆时代广场L110号商铺	+86/023 6370 6380
昆明市	北京路985号金格百货时光店首层F1001号店铺	+86/0871 5659 199

营销网络

城市	地址	联系电话
北京市	朝阳区亮马桥路52号燕莎友谊商城1楼	+86/010 6462 9890
	东城区王府井大街255号	+86/010 6521 1618
	海淀区中关村大街40号北京当代商城	+86/010 6265 8886
	首都机场3号航站楼	+86/010 6455 8621
	王府井大街138号一层148号铺	+86/010 6559 9618
	宣武门外大街8号北京庄胜崇光百货商场	+86/010 6310 6628
上海市	虹桥路2550虹桥机场W4	+86/158 0060 1793
	淮海中路806号	+86/021 5403 8856
	南京东路372号一楼 卡地亚专柜	+86/021 6350 2052
	浦东南路1111号一楼 卡地亚专柜	+86/021 5836 0198
	徐汇区漕溪北路8号一楼 卡地亚专柜	+86/021 6469 2336
	遵义南路6号一楼 卡地亚专柜	+86/021 6209 5297
成都市	总府路15号成都王府井百货卡地亚专柜	+86/028 8661 1985
大连市	中山区解放路1号M2层	+86/0411 8230 7803
	中山区友好广场远洋洲际大厦B座6号	+86/0411 8265 9797
福州市	鼓楼区八一七路268号	+86/0591 8859 0686
贵阳市	中华北路1号贵阳国贸广场 一楼卡地亚专柜	+86/0851 688 5335
	中华南路50号钻石广场荔星名店一层卡地亚专柜	+86/0851 582 4257
哈尔滨市	南岗区东大直街320号	+86/0451 8715 7758
	南岗区果戈里大街378号哈尔滨远大购物中心 一层	+86/0451 5366 5389
杭州市	延安路530号银泰百货一层	+86/0571 8515 5231
	延安路98号 一楼 卡地亚专柜	+86/0571 8700 2198
合肥市	长江东路1104号一层 卡地亚专柜	+86/0551 220 1011
呼和浩特市	新城区新华东路8号维多利国际广场一层	+86/0471 282 3832
济南市	泺源大街66号一层山东银座商城	+86/0531 8191 7888
江阴市	人民中路85号,江阴华联商厦一楼	+86/0510 8687 2963
金华市	解放东路168号金华银泰天地店一楼卡地亚专柜	+86/0579 8232 6816
锦州市	凌河区解放路四段六号	+86/0416 213 1099
南昌市	东湖区中山路177号	+86/0791 673 3236
南京市	汉中路89号	+86/025 8472 2347
南通市	人民中路9号 一楼 卡地亚专柜	+86/0513 8579 8128
宁波市	中山东路166号 一楼 卡地亚专柜	+86/0574 8724 6861
厦门市	湖里区兴隆路25号信源大厦信达免税商场105号铺	+86/0592 563 7120
上虞市	百官街道市民大道689号 一楼 卡地亚专柜	+86/0575 8122 8666
深圳市	南山区深南大道路9028号益田假日广场L1层2-6号铺位	+86/0755 8629 8473
沈阳市	沈河区中街路128号一层	+86/024 3109 9295
石家庄市	长安区中山东路326号北国先天下广场一层	+86/0311 8593 6011
	中山东路188号北国商城	+86/0311 8966 4711
台州市	路桥区西路桥大道130号B106铺	+86/0576 8278 7766
天津市	塘沽经济技术开发区第一大街86号 友谊名都商场一层卡地亚店铺	+86/022 6062 3553
温州市	解放南路,荷花路	+86/0577 8800 8089
	人民东路1号1层 卡地亚专柜	+86/0577 8884 6353
无锡市	中山路343号无锡商业大厦一楼卡地亚专柜	+86/0510 8270 6206
武汉市	汉口建设大道566号	+86/027 8571 0942
西安市	西大街1号钟鼓楼广场	+86/029 8721 3312
烟台市	芝罘区西大街8号振华商厦	+86/0535 627 4886
义乌市	工人西路15号一层 卡地亚专柜	+86/0512 5897 9660
张家港市	步行街89号一层 卡地亚专柜	+86/0512 5897 9660
长春市	重庆路建和胡同79号	+86/0431 8896 0033
镇江市	中山东路334号镇江八佰伴卡地亚专厅	+86/0511 8897 5977
郑州市	花园路8号正道花园百货	+86/0371 6555 9059
	人民路2号 丹尼斯百货一楼	+86/0371 6620 2669
重庆市	江北区洋河一路68号	+86/023 6710 7910
鞍山市	铁东区二一九路47甲-1号	+86/0412 228 0059
兰州市	中山路120号	+86/0931 810 3991
常州市	延陵西路95号常州泰富百货一楼卡地亚专柜	+86/0519 8681 7260

PIAGET

相对于PIAGET（伯爵）的珠宝产品，更吸引我的是他的超薄手表。表款设计利落，不做作，简洁至极。却又暗藏锋芒，不难体会到其中的奢华之感。不少人曾经都对PIAGET（伯爵）有一些误解，认为这是个以珠宝表见长的品牌。事实上，PIAGET（伯爵）在机芯及制表技术方面丝毫不逊色于其在珠宝方面的造诣。2010年，是品牌著名的Cal.12P超薄自动上链机芯问世50周年，PIAGET（伯爵）特别推出了周年纪念手表，以及全新的Cal.1200P和Cal.1208P超薄自动上链机芯，创造了机芯厚度以及整表厚度两项世界纪录。特别是机芯中配有的1/4摆陀，或称“珍珠陀”，似乎也成为了PIAGET（伯爵）另一个独有徽号。

PIAGET（伯爵）的超薄不只限于功能简单的自动或手动机芯，其超薄陀飞轮机芯的尺寸也是少有人及。这不，在今年的新作之中，汇集众人焦点的便是Emperador Coussin超薄陀飞轮手表。将特征鲜明的超薄自动机芯及陀飞轮机芯合二为一，并且，从表盘上可以直接欣赏到两个最诱人的装置——陀飞轮及1/4自动摆陀。就连时、分指针也不得不让位于这“二位”，转移到了表盘的右下方。不过这倒是有个好处：最绅士的戴表方法是将手表藏在衬衫袖口中，只露出1/2或1/3左右，如果佩戴的正是这款表，则同样可以很轻松地看清时间，不用再“做作地”撸下袖子。表盘为半透明材质，霓裳旖旎，以时、分针中心做放射状设计，虽然没有一颗钻石，但是它比有些镶钻手表还要闪亮。干净的表背上有两个小窗口，一个用来显示动力储存情况，另一个在陀飞轮位置，使这部分从正面看去更加通透。尽管将摆陀放在表盘上的做法早已有之，不过通过前面的描述，您或许可以体会到，PIAGET（伯爵）的这款手表不是来自于天马行空的创意，而是有背景，有故事的。

Emperador Coussin 超薄陀飞轮

18K红金（Ref.G0A36041）或者白金（Ref.G0A36040）表壳，直径46.5mm、厚10.4mm，鳄鱼皮表带配金制折叠扣。Cal.1270P自动机芯，直径34.9mm、厚5.55mm，35石，摆频每小时21,600次，40小时动力储存。两种表壳各限量10只。

Polo FortyFive Chronograph

钛金属配红金（Ref.G0A36002）或者钛金属配白金（Ref. G0A36017）表壳，橡胶表带配折叠扣，100m防水。Cal.880P自动机芯，厚5.6mm，35石，50小时动力储存。

间金手表一直是众多代理商、销售员所喜闻乐见的。原因很简单：好卖。不论是表带，或是表圈，带一点18K金装饰便会得到很多人的欢心。不过我觉得，间金手表并不适合所有人，我便是其中之一，特指18K金与不锈钢的搭配。如果是钛金属与18K金搭配，情形可能会大不同。颜色的差别相当大，有现代的妖娆感。刚刚面世不久的Polo FortyFive Chronograph今年就有这样的组合，其他未改，只是抛光的装饰横条采用了18K金材质。有低调的白金和气质独特的红金。莫名地想起这么一句话：乱花渐欲迷人眼。

Altiplano 38mm

18K白金表壳（Ref.G0A36129），直径38mm，镶钻78颗约0.7克拉，表盘铺镶钻石735颗，重约2.1克拉。Cal.430P手动机芯，直径20.5mm，厚2.1mm，摆频每小时21,600次，40小时动力储存。

Altiplano 43mm

18K白金表壳（Ref.G0A36138），镶嵌88颗钻石，重约0.8克拉，直径43mm、厚5.25mm，鳄鱼皮表带配白金针扣。Cal.1208P超薄自动机芯，直径29.9mm、厚2.35mm，27石，摆频每小时21,600次，40小时动力储存。

Altiplano系列较以往没有太多特别，只是在去年表款的基础上添加了钻石点缀，带小秒盘的自动款依然搭载了**Cal.1208P**自动上链机芯，并且做了背透，相当可心。表壳窄窄的外圈上，一圈小钻在上面孑孑挺立，如同走钢丝的舞者。这类带一点点钻石装饰的表款，如同间金表一样，很受欢迎。如果觉得这点点钻石不过瘾，还有满盘钻石的款式，也可以称为“满天星”。**PIAGET**（伯爵）的镶嵌自然不在话下，这一面小钻缜密有致，确实堪比满天星。

Altiplano 34mm

18K红金表壳（Ref. G0A36107），镶嵌72颗钻石，重约0.5克拉，直径34mm，鳄鱼皮表带配红金针扣，表盘镶嵌28颗钻石，重约0.1克拉，Cal.450P手动机芯，直径20.5mm、厚2.1mm，18石，摆频每小时21,600次，40小时动力储存。

Altiplano 40mm

18K红金表壳（Ref. G0A36118），镶嵌72颗钻石，重约1克拉，直径40mm，鳄鱼皮表带配红金针扣。Cal.838P手动机芯，直径26.8mm、厚2.5mm，19石，摆频每小时21,600次，62小时动力储存。

Limelight Exceptional Piece - Polo对表

18K红金表壳，直径39mm（Ref.G0A36149），镶嵌圆钻4.2克拉、方钻9.8克拉。44mm（Ref.G0A36111），镶嵌圆钻5.9克拉、方钻15克拉。Cal.600超薄陀飞轮机芯。

本页的两款及下页的两款均可称得上是富豪级手表。这里的富豪二字，要分开理解，一个是富，经济实力稍弱就只能望表兴叹；一个是豪，气质要够豪气才能配得上此等手表。首先是**Limelight Exceptional Piece-Polo**陀飞轮高珠宝对表。它第一个特色便是，这是对表——不是废话，之前**PIAGET**（伯爵）没有专门为女性准备陀飞轮手表，这一次例外，尽管其口径更像是男装款，想必也是为了有足够的空间镶嵌上这样一堆的钻石。虽然不是天衣无缝似的全包裹镶嵌，但表壳正面也全部是实打实的方形或梯形钻石。更绝的是表背也镶满了钻石，这部分终日不见天日，自己、别人都看不到，为的只是能够体会肌肤与钻石亲密接触的感觉，真是要多富贵有多富贵。至于价格，如果没有记错，两只加起来一千多万人民币肯定是有的了。

Polo

18K黄金和白金双色表壳及表链（Ref.G0A36032），直径32mm，绿玉表盘，表圈镶嵌36颗钻石，重约0.5克拉。

Dancer高级珠宝腕表

18K白金表壳及表链，镶嵌圆形或方形钻石，Cal.830P手动机芯，直径26.8mm、厚2.5mm，19石，摆频每小时21,600次。

另一款稍逊几分，主要差在钻石数量上，但气质也绝对够富豪。这是一款比较正统的Polo手表，乍一看以为又是间金，实则不然。到现在为止，Polo FortyFive只是PIAGET（伯爵）第二个使用非贵金属制作的手表系列，其他的都一定是各色金。这一款便是18K黄金与白金的搭配，与之前全黄金或全白金的款式相比，更加活泼一些，同时表盘采用了绿玉材质，风度翩翩。

大家非常熟悉的Dancer系列手表，也披上了华丽的钻石外衣。并且这是一枚真正的满钻手表，凡正面可见的部分均密密地镶满了方形、梯形或圆形钻石，包括表链中间标志性的圆柱装饰，也细密地镶满了钻石。表背同样也镶嵌了钻石，只是因为做了背透，所以只是简单镶嵌了一圈作为装点。我一直认为，由于珠宝表在钻石甄选环节的苛刻要求，这类手表可称得上是奢侈品极致的体现。而根据以往经验，这款手表的产量不会超过1只。

Altiplano龙凤腕表

18K白金表壳，直径38mm，镶嵌78颗钻石，总重0.7克拉，搭配鳄鱼皮表带及18K白金针扣，表盘以掐丝珐琅制作龙形图案（Ref.G0A36540）或凤凰图案（Ref.G0A36542），Cal.430P手动机芯，直径20.5mm，厚2.1mm，摆频每小时21,600次，40小时动力储存。

2012年是中国的龙年，PIAGET（伯爵）也提早下手，制作了龙凤系列对表。采用Altiplano系列手表的外形，外圈同样有一圈钻石装饰。重点则在表盘上，采用掐丝珐琅将中国传统的神兽：龙、凤活灵活现地展现出来。其工艺自是不凡，但是直言不讳地说，龙在东方属神灵，在西方则是恶魔，PIAGET（伯爵）的这只龙，似乎还没有跳脱出它们的固有意识。

Limelight Garden Party

Ref.G0A36170，18K白金表壳，珍珠贝母表盘，白玉髓花朵镶嵌粉红色蓝宝石花蕊。

Limelight Party是**PIAGET**（伯爵）的狂放制作，每年都会有一些新作推出，我不由得惊叹于**PIAGET**（伯爵）的创造力，这一系列是谋杀女性银行卡的绝佳武器。今年主推的这一只，圆形表盘内有一些立体的枝叶和小鸟造型，并镶嵌了钻石。更妙的是这部分可以任意旋转，随着手腕的动作，任意翻飞。与某品牌的不同，**PIAGET**（伯爵）这款是有实体造型结构的。可以想象，这样一组镶嵌了钻石，如同微型雕塑板的珠宝在表盘上飞来飞去，是何其闪耀！让钻石再飞一会……

另外一款白色的圆形手表，是每年都会有的"小聪明"（神秘手表），表壳带有一个可以挪移的表面，内部则是显示时间的表盘。去年是JAZZ主题的钢琴盘面，今年则是非常纯美的白色花朵造型。每朵花都是立体造型，中间镶嵌一颗粉红色蓝宝石花蕊，真好似一朵"白"杏出墙来。

Limelight Garden Party

Ref.G0A36169，18K白金表壳，镶嵌52颗钻石，重约1.6克拉，黑色表盘以18K 白金可转动雀鸟及叶子装饰并镶嵌99 颗钻石（重约0.7克拉），白金针扣镶嵌15 颗钻石（重约0.1克拉)，搭配黑色绢质表带。Cal.56P石英机芯。

Limelight Garden Party

18K白金表壳，镶嵌34颗钻石，重约2.2克拉、10颗橄榄尖形切割祖母绿宝石，重约5.2克拉（Ref.G0A36166），或10颗橄榄尖形切割钻石，重约4.8克拉（Ref. G0A36165），表盘密镶76颗钻石，重约0.3克拉，白金折叠扣镶嵌44颗钻石（重约0.2克拉）搭配黑色绢质表带。Cal.56P石英机芯。

最后一款是一串“葡萄”，有两个版本，一是全钻版，另一是搭配祖母绿宝石的版本。钻石当然是昂贵的，但比较常见。彩色宝石中，我比较偏好祖母绿。钻石很纯粹，但好似没有秘密。祖母绿则不同，给人以某种神秘感，某种梦幻的意念。

售后服务中心

城市	地址	联系电话
北京市	崇文区崇文门外大街3号新世界写字楼B座办公楼601室	+86/010 6709 4888
上海市	徐汇区淮海中路1325号爱美高大厦5层501室	+86/021 6161 2888
广州市	环市东路369号楼广州友谊商业大厦901-902室	+86/020 8350 3566

精品店

城市	地址	联系电话
北京市	东单北大街金鱼胡同8号王府半岛酒店GF-8	+86/010 6512 9065
	东城区东长安街1号北京东方广场东方新天地商场首层A102号铺	+86/010 8518 2116 +86/010 8518 2332
	朝阳区建国路87号新光天地1层120号铺	+86/010 6533 1486
上海市	静安区南京西路1266号恒隆广场102B	+86/021 6288 1639
	淮海中路798号	+86/021 3395 0989
	中山东一路32号L1B号店铺	+86/021 6329 5558
	浦东新区世纪大道8号上海国金中心商场L1-12店铺	+86/021 5012 1690
广州市	越秀区环市东路369号广州友谊商店	+86/020 8358 7785
杭州市	江干区四季青街道富春路701号杭州万象城1层165号商铺	+86/0571 8970 5028
苏州市	人民路383号苏州泰华商城1层111号	+86/0512 6572 5190
青岛市	澳门路117号海信广场奥运店1层钟表部	+86/0532 6678 8157
长沙市	芙蓉中路一段478号长沙运达国际广场美美百货1层S105	+86/0731 8477 9422

营销网络

城市	地址	联系电话
北京市	东城区王府井大街138号新东安广场1层102-103号店铺	+86/010 6521 1839
	复兴门内大街101号1层北楼	+86/010 6653 5253
	海淀区远大路1号	+86/010 8887 3916
上海市	南京西路1038号	+86/021 6218 6590
	长宁区遵义南路6号虹桥友谊商城1层	+86/021 6219 9319
	虹桥路1号港汇广场101B号铺	+86/021 6407 3590
鞍山市	铁东区二一九路47甲-1号	+86/04122280059
	铁东区五一路34号	+86/0412 2230199
成都市	春熙北段49号	+86/028 8666 3988
大连市	中山区人民路8号友谊商城	+86/0411 8265 9898-1066
	中山区解放路1号百年商城M2层	+86/0411 8230 7803
	中山区一德街10号	+86/0411 8265 9797
鄂尔多斯市	东胜区伊煤南路14号街坊	+86/15604772798
厦门市	思明南路157号中华城商场C区地下1层1010	+86/05922136800
福州市	鼓楼区八一七北路268号福州大洋百货商场一楼	+86/0591 8859 0808
广州市	天河区天河路383号一楼L122号商铺	+86/02038682425
哈尔滨市	南岗区东大直街329号松雷商厦钟表部	+86/0451 5362 0070
	道里区尚志大街73号麦凯乐哈尔滨总店金承表行	+86/0451 5898 9789
呼和浩特市	新城区新华东街8号维多利国际广场一层名表中心	+86/0471 2823861
济南市	天地坛街1号	+86/0531 8098 2013
	泺源大街66号银座商城百货商场	+86/0531 8606 5639
昆明市	东风东路9号金格中心2层	+86/0871 3119079
南宁市	青秀区金湖路59号地王国际商会中心首层	+86/0771 5680212
宁波市	碶闸街166号天一国际购物中心伯爵店	+86/0574 8768 4011
陕西市	西安南大街30号中大国际名品广场A118店铺	+86/029 8720 3027
深圳市	深南中路1095号中信城市广场福田西武百货2层2019钟表部	+86/0755 2594 1112
	罗湖区人民南路金光华广场1层	+86/0755 8261 1299
沈阳市	和平区中山路65号中山大厦	+86/024 2340 4588
四川市	人民东路61号仁和春天百货1层钟表部	+86/028 8665 2733
太原市	府西街169号	+86/0351 5601891
唐山市	新华东道125号	+86/0315 2821952
天津市	河西区友谊路21号	+86/022 6086 0110
	和平区解放北路188号天津海信广场1层123号铺	+86/022 2319 8180
温州市	车站大道财富中心1层	+86/0577 8800 7569
乌鲁木齐市	和平北路70号天山百货大楼1层钟表厅	+86/0991 2326131
无锡市	中山路343号无锡商业大厦B座1层	+86/0510 8276 9559
长春市	重庆路建和胡同79号	+86/0431 8896 0033
长沙市	五一大道368号友谊商店A馆1层	+86/0731 4465098
重庆市	渝中区五一路海逸酒店LGL层（平街层）	+86/023 6382 8329
	江北区建新北路68号平街层伯爵专卖店	+86/023 6799 9096

SEIKO

SEIKO（精工）成功的根本，源于他们具有敢于挑战权威和执着坚韧的精神。"执着"一词，在很多瑞士品牌的介绍中出现频率很高。但对于SEIKO（精工）来说，这种在强者面前的执着更是难能可贵。

2011年，是SEIKO（精工）130周年庆典。在这130年中，1959年的"59A"计划无疑是SEIKO（精工）最精彩的一段历史。那时SEIKO（精工）诹访工厂刚刚从战火中复苏起来，与大和工业公司合并，成立了日本诹访精工舍。公司的技术人员开始将眼光投向未来，所制订的"59A"计划核心便是"更准确，精确度更高的手表"，主要对手便是瑞士。势不可挡的首款石英表便是这个计划的终极产物。但是在这个计划初期，SEIKO（精工）是多向发展，研发石英表，或者说研发机械机芯之外手表的同时，也一直在不断攻克制造机械机芯技术，多次与瑞士同台较高下，从一个排名100开外的"毛头小子"，到瑞士由于"某种原因"取消了某次天文台竞赛结果的公布，SEIKO（精工）一路走得精彩绝伦。

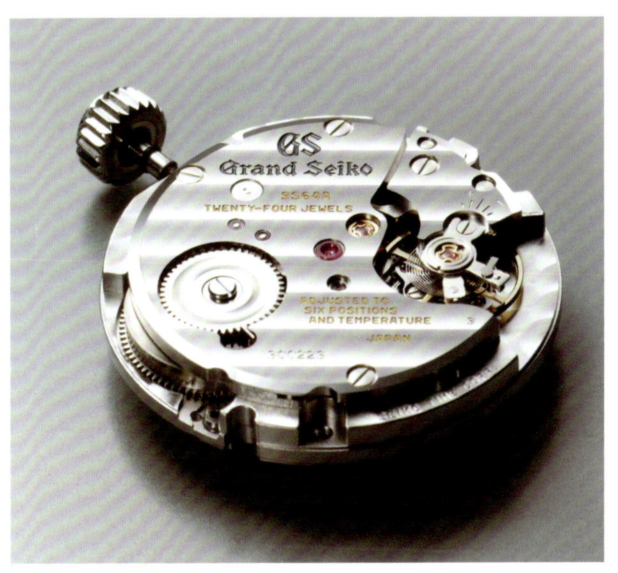

建厂130周年纪念Grand Seiko限量表

铂金、18K黄金或者不锈钢表壳，直径35.8mm，鳄鱼皮表带配针扣。Cal.9S64手动机芯，直径28.4mm、厚4.9mm，24石，摆频每小时28,800次，72小时动力储存。铂金和18K黄金款限量发行130只，不锈钢款限量1,300只。

1960年，也就是“59A”计划的第二年，Grand Seiko系列诞生。这是第一枚Chronometer（精密计时器）级别的日产手表，也是SEIKO（精工）旗下最高端的产品。腕表内搭载Cal.3180手动机芯，25石，摆频每小时18,000次。今年，为庆祝品牌130周年，SEIKO（精工）复刻制作了1960年的第一代Grand Seiko手表，随即获得了广泛的好评，按照周年年份，铂金和18K黄金款限量130只，不锈钢款限量1,300只，不过中国大陆获得的配额实在很少：铂金及18K黄金款各2只，不锈钢款也居然才有3只。其他的都被日本本土和其他国家拿去。为了真正还原历史，除了表盘上方少了Chronometer字样，以及6时位省去了那个“小太阳”标志外，这款手表的外观与它的原型别无二致，包括从表背不能看到里面那颗做工精良的机芯，品牌的答复同样是：老款就没有啊，老款就没有透明后盖啊。此外，腕表口径也是绝对古典式，只有35.8mm。内部机芯是新款的Cal.9S64，发条用专利的SPRON510，游丝采用SPRON610，擒纵轮及擒纵叉有MEMS（微机电系统技术）进行改良，动力储存达到3天，精准程度也较前作再度有所提高。日本人还有个特点，就是一个高档的，但很简单的东西，势必要做到极致。Grand Seiko手动表就是这样的类型。虽然算不上复杂，但是无论表壳、机芯、表带等诸多细节都达到了近乎完美程度。设计上，表镜呈微拱形，指针末端也随着表镜有一定曲度。其中铂金款与不锈钢款的区别，在于铂金款搭配了蓝钢指针。

Credor Spring Drive Minute Repeater

18K红金表壳，直径42.8mm、厚14.0mm，鳄鱼皮表带配红金折叠扣。Cal.7R11手动机芯，直径36.6mm、厚7.8mm，112石，72小时动力储存。日本建议零售价：3,465万日元。

Credor是**SEIKO**（精工）的另一高端系列，时常做出一些不同寻常的复杂而高价的东西。今年的**Credor Spring Drive Minute Repeater**称得上是其复杂的巅峰之作。与传统三问表以时、刻、分报时不同，这款表是以时、**10**分、分的方式报时。在"降噪"方面也采用了飞轮调速系统，在盘面**4**时位置可以见到这个装置的运作，确实有些效果。当然，包括赤裸的正、反面在内，都不是这款表的最大特色。礼失求诸野，在三问发声部分，别出心裁地采用了日本著名锻造冶炼大师明珍宗里所铸造的特殊钢材。使该三问声音有了东方风铃的别样韵味（确切地说，是明珍火箸风铃的声音韵味。火箸，就是火筷子，几个吊起来就变成了风铃，互相碰触便可发声）。明珍家族的锻造冶炼手艺传承久远，始于**8**世纪后期，最初是为士兵打造铠甲。在现场，我试了它的声音，虽然音高一般，但柔韧有余，而且穿透力很强。后来同事拿去拍照的时候还拨动了一下，在很远的距离依然清晰入耳。在表壳的后盖上，还镶嵌了一条这种特殊钢材。

建厂130周年纪念Ananta潜水计时

黑色和红金抗磨碳素膜处理不锈钢表壳，直径44mm，200m防水。Cal.8R39自动机芯，直径28.6mm、厚7.5mm，34石，摆频每小时28,800次，45小时动力储存。限量700只。

东京银座有个小店，店名“盛光堂”，是卖日本名刀之所在。第一次去的时候见到那个女店主穿着刷亮的和服不远不近地跟着我们，当我们无言走出店里，就很轻的声音说了句：“阿里嘎多”，然后默默、深深地冲我们的背影一鞠躬，我深为感动。鞠躬这事儿我也练过一年呢，怎么就不如她那么端庄、高雅、肃穆？日本刀至今已经有800多年历史，是日本文化和传统工艺的代表，Ananta系列以刀形入表，表壳线条犀利、硬朗，将民族文化与品牌文化融合一体。今年这个系列中，除了两款较常规的款式——计时表和双历表以外，另有一款130周年限量版潜水腕表。整表经过碳素膜处理，整体一副酷黑的外形。虽然我知道这是潮流所在，但怎么想怎么觉得这不是SEIKO（精工）应该干的事儿。因为是潜水表，单向旋转计时外圈，大型荧光刻度及指针是必不可少的。

Ananta计时

不锈钢表壳，黑色抗磨碳素膜处理不锈钢表圈，直径42.8mm，100m防水。Cal.8R28自动机芯，34石。

Ananta双历

不锈钢表壳，直径42.0mm，100m防水。Cal.6R21自动机芯，29石。

Sportura人动电能潜水表

不锈钢表壳，200m防水，单向旋转外圈，抗磁4,800A/m，Cal.5M62人动电能机芯。

Sportura响闹计时

黑色抗磨碳素膜处理不锈钢表壳，100m防水，测速刻度外圈，Cal.7T62石英机芯。

1964年东京奥运会，SEIKO（精工）突破性地拿下了那一届奥运会的官方计时工作，成功完成了1,278项赛事所需的计时工作。从此，SEIKO（精工）为上百次的体育赛事计时倾力奉献，同时也创造出了众多业内领先的运动腕表。全新的Sportura系列继承运动表应有的优秀特质，造型大气自然，功能实用，运转准确，并且3000多人民币的价格买来运动时佩戴比较划算。今年的两款全新腕表涵盖了水下、地面或空中运动。一款为计时表，同时还具有响闹功能，黑色皮质表带还带有赛车风格的圆孔；另一款为潜水表，造型厚重扎实，清晰的表盘、指针为水下计时提供保障。

建厂130周年纪念Premier人动电能万年历

黑色抗磨碳素膜处理不锈钢表壳，100m防水，黑色真皮表带搭配折叠扣，Cal.7D48人动电能机芯。

SEIKO（精工）拥有大跨度的产品线，从人民币300来万的Credor三问报时、5万余元的Grand Seiko不锈钢大三针，再到两三千元的多功能石英表、时装表都有涉及，各类人群都能从中找到适合自己的手表，这是一种比较“抗压”的发展模式。Premier系列便是旗下领衔的时装手表系列，一如既往地受到了消费者的欢迎。今年，这一系列中有超过8款腕表推出，包括了机械款、人动电能款及基本的石英款。其核心便是一款搭载了品牌都有的Cal.7D人动电能万年历机芯的腕表，可将手腕的摆动转化为电能支持腕表运转，并具有万年历功能，可精确显示到2100年2月。该系列中共有4款新品推出，其中同样有一只130周年纪念版全黑腕表，与SEIKO（精工）创立130周年这个重大纪念主题形成统一风格。

Premier 24小时自动上链机械表

不锈钢表壳，100m防水。Cal.4R39自动机芯，直径27.4mm、厚4.7mm，24石，摆频每小时21,600次，41小时动力储存。

Premier日历显示女士石英表

不锈钢表壳，100m防水，Cal.7N82石英机芯。

Lukia系列太阳电能

不锈钢或镀金表壳，100m防水，Cal.V111太阳电能机芯，充满电可连续运行6个月。

Lukia系列也有多款新品问世，这是专为新新女性打造的表款。活泼、亮丽，并且搭载了太阳能机芯，可随时将日光及其他人工光源转换成电能，驱动机芯走时，同时具有100米防水功能，提供轻松、随性的佩戴感受。不论是海浪、沙滩，或是和阳光玩游戏，它都能自如伴您左右。

售后服务中心

城市	地址	联系电话
上海市	静安区华山路 2 号中华企业大厦 24 楼	400 690 5589

专卖店

城市	地址	联系电话
青岛市	中山路 164 号新宇享得利精工专卖店	+86/0532 8283 816
杭州市	江干区富春路 701 号万象城购物中心 B1 层 115 号时间廊精工专卖店	+86/0571 8970 773

营销网络

城市	地址	联系电话
北京市	西城区西单北大街 176 号中友百货	+86/010 6601 8899
上海市	徐家汇漕溪北路 8 号上海东方商厦	+86/021 9487 0000
大连市	中山区青泥街 57 号麦凯乐	+86/0411 8230 0666
广州市	天河区珠江新城珠江西路 5 号广州友谊商店国金店	+86/020 8883 2222
哈尔滨市	南岗区荣市街 18 号远大购物中心	+86/0451 5367 8811
海口市	龙昆北路 2 号生生百货	+86/0898 6858 6327
合肥市	淮河路 77 号合肥百盛	+86/0551 261 6030
济南市	泺源大街 66 号山东银座商城	+86/0531 8606 5183
昆明市	东风东路 9 号昆明金格中心	+86/0871 311 9088
兰州市	广场南路 4-6 号国芳百货	+86/0931 889 0292
南京市	中山南路 79 号中央商场	+86/025 8471 8288
南宁市	民族大道中段 49 号南宁梦之岛百货	+86/0771 285 3522
厦门市	湖里区兴隆路 27 号免税商场	+86/0592 560 8173
沈阳市	和平区太原北街 86 号中兴沈阳商业大厦	+86/024 238 3888
天津市	和平区滨江道 145 号天津亨得利	+86/022 2711 1471
无锡市	中山路 168 号八佰伴	+86/0510 8274 7038
武汉市	汉口区解放大道 689 号世贸广场	+86/027 8544 8656
西安市	解放路东新街万千百货民乐园店	+86/029 8812 0111
长春市	朝阳区辽宁路 162 号国际商业中心	+86/0431 8271 1601
长沙市	黄兴中路 66 号王府井百货	+860/0731 8489 2500
中山市	中山三路益华百货	+86/0760 8830 5688

RADO（雷达）在很多人心中可能都是高科技陶瓷的代表，特别是近几年，陶瓷陆续显身于各大顶级品牌的产品上，一改曾经比较平民的形象，RADO（雷达）也俨然成为陶瓷材质的权威，并在这方面继续不断探索前进着。

如今陶瓷材质出人意料的大热，一直不善于做出过多改变的Rolex（劳力士）也表现出对这种材质的青睐。很多人开玩笑说，如今就等着看PATEK PHILIPPE（百达翡丽）什么时候用上陶瓷了。这种可能性说不定是大于等于零的。

按品牌自己的话说，RADO（雷达）是专业“玩”陶瓷的，而在这个所有人都能“玩”陶瓷的时代，就需要一些新的东西，才不负“专业”之名。今年，这个新东西叫“Ceramos®”，在陶瓷之中混合了钛化钛及金属合金，使之具有陶瓷及金属两种材质的优异性能。在品牌的新闻稿中，还有一句话很引人注意：可以根据体表温度进行快速温度调节。这就是说，在冬天，特别是在东北，在刚戴上手表的那一两分钟，不再受像不锈钢的那种寒冰刺骨的罪了。这种材质的质感也很眩，不但具有陶瓷的细腻光润，又有金属色泽。

这种金属加陶瓷的做法听起来没什么，做起来可没那么容易。资料中介绍说在烧制的过程中，材质会有20%的收缩，最终达到标准的尺寸。设想一下，这不是蒸馒头，而是制表啊，对误差的容忍度极低。所以，先不说这种材质的成分如何神秘，单单在制作环节中，从原材料的合成，到模具压制，再到高温烧制等各个环节中，稍有偏差，其成品就会南辕北辙，并且改的余地都没有，是绝对高精密的制作过程。

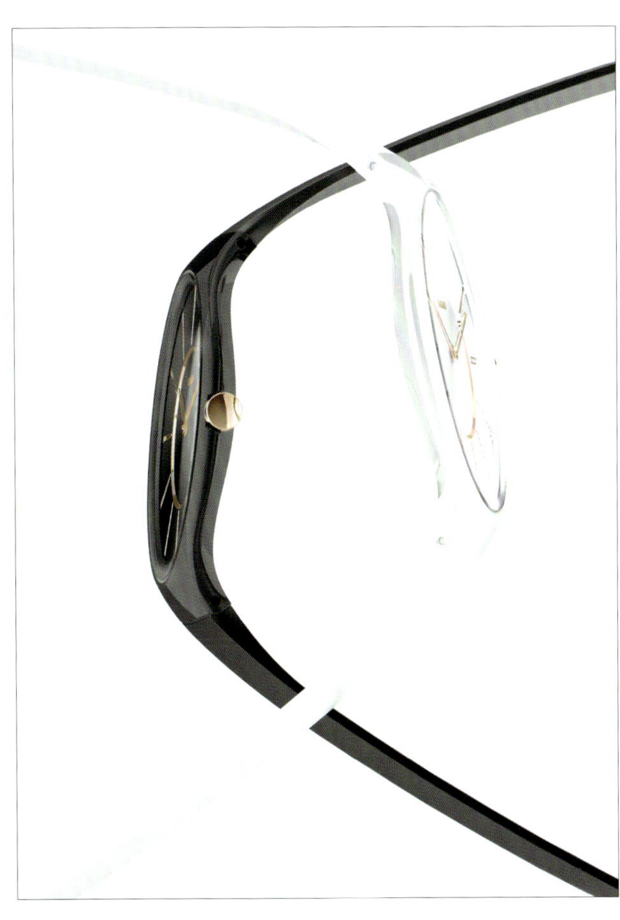

True Thinline
陶瓷表壳，黑色PVD涂层钛金属底盖，橡胶表带配陶瓷针扣。自动机芯或者石英机芯。

多年的科研成果加上绝对精密的加工机器、流程制作出的人性化产品，这应该就是所谓的企业核心竞争力。比如Okamoto不是凭空就比Durex贵，做的确实超薄。说起来简单，做起来很难。所以，当有人对下面这世界第一只超薄陶瓷表True Thinline抱有某种不平意见的时候，不妨想一想：世界第一个做陶瓷表壳，今天又做出世界第一超薄的陶瓷表壳——这话，如果没底气，RADO（雷达）能乱说吗？超薄的最高境界：宛若无物，True Thinline便是如此。

r5.5 XXL Chronograph

陶瓷表壳，黑色PVD涂层钛金属底盖，陶瓷表链配钛金属折叠扣。ETA 251.262石英计时机芯，直径29.9mm。

2009年10月16日，瑞士雷达表r5.5正式隆重上市，r5.5是英国工业设计大师Jasper Morrison为瑞士雷达表创作的全新腕表系列。蕴含东方禅意与现代设计风格，透过极简，传达无限，正是r5.5的独特设计美学。虽然黑色是东方美学的主要色调之一，但我觉得，灰色更恰当。管作为手表，灰色也许不如黑色版本更容易搭配服装，RADO（雷达）绝对不是那种适合赤膊佩戴的表（请不要把这句话想得这么字面）。

Ceramica白/金 L
陶瓷表壳，不锈钢底盖，陶瓷表链配钛金属折叠扣。ETA石英机芯。

Integral 白/银 M
不锈钢表壳（金色款为PVD涂层），白色珍珠贝母表盘镶嵌6颗钻石，陶瓷和不锈钢表链，钛金属折叠扣。ETA石英机芯。

D-Star White Jubilé L
白色陶瓷表壳，表盘镶嵌33颗钻石，陶瓷表链配钛金属折叠扣。100m防水。ETA 2824-2自动机芯，直径26mm，25石，38小时动力储存。

要说RADO（雷达）最好看的表壳，以我个人的审美，其实不是r5.5，而是D-Star。RADO（雷达）很早年做过一款自动机芯的表，就是这个造型，我自己非常喜欢，还曾经拥有过。它带有明显的石英时代表款设计的烙印。现在看起来，感觉挺怀旧。今年，RADO（雷达）最新的金属陶瓷Ceramos®也率先应用在这个系列中。此外，RADO（雷达）还有了很多白色的表款，欲引领潮流。包括D-Star，以及早已深入人心的Ceramica和Integral。

MIDO®

SWISS WATCHES SINCE 1918

瑞士美度表

早在20世纪初，MIDO（美度）就进入了中国市场，时称“米度”表，2000年，MIDO（美度）作为Swatch集团的成员，重新进军中国市场。对于如今的消费者来说，MIDO（美度）是年轻的，但它又是成功的。它的表款不做作，所有的设计都体现在腕表的各个细节中。正像MIDO（美度）所倡导的一样：灵感印证永恒。

在性能方面，MIDO（美度）也丝毫不含糊，多款腕表都经过了天文台认证，在同价位的品牌中并不多见。今年，MIDO（美度）将天文台认证扩大到女装腕表中，推出了Baroncelli III Lady Chronometer Automatic（贝伦赛丽III女装天文台腕表），浑圆的表壳延续着该系列一贯的风格，表把的一半陷入表壳内部，很是精巧。罗马数字刻度用在表盘设计上，总会有一股复古气息。而银色配有放射状纽索纹装饰的表盘又带出些许男装表的大气和潇洒。还有一款较为华丽的钻石表款，同样的设计，在外圈镶嵌了一圈晶莹的美钻，但是机芯未经过天文台认证。高性能的天文台版本，或是华丽的镶钻版本，特质鲜明，都是日常佩戴的不错之选。

Baroncelli Ⅲ Lady Chronometer Automatic

不锈钢表壳，直径25mm，50m防水，Cal.ETA 2836-2自动机芯，摆频每小时28,800次，38小时动力储存，天文台认证。

Baroncelli Ⅲ Lady Diamonds

不锈钢表壳，直径25mm，50m防水，外圈镶嵌40颗钻石，重约0.416克拉，Cal.ETA 2671自动机芯，摆频每小时28,800次，38小时动力储存。

Baroncelli Gold 18k Hand Winding
18K黄金表壳，直径38mm，Cal.ETA 7001手动机芯，摆频每小时21,600次。

Baroncelli Power Reserve
不锈钢表壳，Cal.ETA 2897自动机芯，摆频每小时28,800次，42小时动力储存。

男表今年增加了动力储存表款，宽敞的表盘，秀气的外圈，表壳整体如同乐队里的定音鼓一般，大而厚实。黑色缎纹的背景上，动力储存指示则划出一道优美的半圆，仿佛夜空中悬挂着的一泓明月被请到了表盘上，在指针的拨动中奏出一阵美妙的乐声。腕表内搭载Cal.ETA 2897自动机芯，其品质同样值得信赖。

金表不是顶级品牌独有的，中档品牌同样可以有。Baroncelli Gold 18K Hand Winding（贝伦赛丽18K黄金手动表）不但采用了18K黄金表壳，外观也是非常复古、典雅。在简约之余，表盘上的三角平面刻度亦带着细节的美感。返璞归真的审美经常能让人感到一丝轻松和愉悦，戴手表也是。

Belluna Gent

不锈钢表壳，直径40mm，100m防水，Cal.ETA 2836-2自动机芯，摆频每小时28,800次，40小时动力储存，天文台认证。

Multifort Lady Diamonds

不锈钢表壳，直径31mm，50m防水，表盘镶嵌8壳钻石，重约0.02克拉，Cal.ETA 2671自动机芯，摆频每小时28,800次，38小时动力储存。

营销网络

城市	地址	联系电话
北京市	东城区王府井大街138号新东安市场一层148铺	+86/010 6528 0067
	西城区西单北大街178号华南大厦中友百货一层	
	东城区王府井大街255号北京百货大楼一楼钟表区	
上海市	南京东路372号	
	淮海中路918号百盛购物中心2楼	
杭州市	延安路546号杭州百货大楼	+86/0571 8138 3352
	延安路530号银泰百货2层	+86/0571 8517 0488
	武林广场21号杭州大厦A座1楼	+86/0571 8506 3043
成都市	春熙路北段49号	+86/028 8666 3988
福州市	鼓楼区八一七北路133号中城大洋百货	
济南市	乐源大街66号济南银座百货商场	+86/0531 8606 5516
南京市	中山南路79号南京中央商场1楼美度表柜台	+86/025 8471 8288
宁波市	中山东路220号1F钟表部	
沈阳市	和平区太原北街86号	

专卖店

城市	地址	联系电话
上海市	长宁路1018号龙之梦购物中心一楼龙之梦购物中心专卖店	+86/021 3252 8262

售后服务中心

城市	地址	联系电话
上海市	天钥桥路30号美罗大厦409-412室	400 670 1918
北京市	建国门外大街22号16层	400 670 1918
沈阳市	和平区中华路69-1号富丽华商务中心11楼	400 670 1918
广州市	环市东路371-375号世贸大厦南塔921-924室	400 670 1918
常州市	延陵西路1号	+86/0519 8817 6220

以克莱斯勒大厦为灵感的设计层出不穷，不过经典的东西总能给人新的灵感源泉。**MIDO**（美度）这次干脆把大楼的设计元素拆开，分组合成在圆表盘内，让它们化身为指针和刻度。整体看，这个表秉承了摩天大楼式的大气和美感，细节处又不忘在表盘上添加一些精细雕刻的小心思。银灰色不锈钢材质也让这款表充分传达了克莱斯勒大厦钢结构的特点，将美感点到了实处。

与之相比，舵手系列似乎有着相同的气质，线条分明，简洁明快。但是整体更多呈现出一种几何造型的美感。今年的女款表的表盘成为最大的亮点，旋涡状放射纹理装饰，并镶嵌了8颗钻石刻度，螺旋状的阴影效果与钻石光芒的搭配别具一格。

BLANCPAIN
宝珀

BLANCPAIN（宝珀）的表本来就很美，再加上最近品牌特别钟爱珐琅表盘或是玑镂表盘,让本来已经非常经典的表款变得更加唯美。特别是珐琅表盘，让我更加倾心，温润如玉的表盘搭配光洁优雅的指针，怎么看都看不够。

下页整体展示的两款表便是，有珐琅或玑镂两款表盘，漂亮自不必说了，功能上同样新颖实用。两地时腕表很普遍，但Villeret Half-Timezone的特点是不但有清晰的第二时区时间盘（具有独立时、分指针），并且还是半时区制显示。世界上很多正在崛起的新兴发展中国家，都是半时区的。表壳有不锈钢或18K红金两个版本，而搭载的机芯竟然也有不同，不锈钢搭载的是Cal.5254DF自动机芯，动力储存72小时，18K红金或白金版搭载的则是Cal.5235DF自动机芯，动力储存长达8天。盘面更是珐琅制作，就像开头所说的，这个盘面真是很美啊！

Villeret Annual Calendar with GMT如同是上一款的姐妹篇，表壳尺寸略小2mm，但整体还是呈现出相同的气质和风度。不同的是其功能的侧重点，前一款为半小时制第二时区，这一款则是年历。表盘日历的显示方式完全摆脱已有的模式，很有独创性，同时也很人性化。为什么呢？通常来说人眼是比较容易倾向于右上方的（所以中国文字、书法都是笔画向右上倾斜的）。而且人们看日历的时候，通常会先看星期，再看日期，最后看月份（或者不看）。这款表的表盘，3个显示窗由上至下依次排列在表盘右侧，并且是按照星期——日期——月份的顺序。与3个窗口对阵的，是左下角的24小时制的异地时区显示，整体设计毫无累赘，又体现着精致本味。

Villeret Annual Calendar With GMT

Ref.6670-3642-55B,18K红金表壳，直径40mm、厚10.90mm。Cal.6054F自动机芯，直径32.00mm、厚5.57mm，35石，72小时动力储存。另有18K白金款Ref.6670-1542-55B。

Villeret Half-Timezone

不锈钢（Ref.6661-1531-55B）或18K红金（Ref.6661-3631-55B）表壳，直径42mm、厚13.65mm。Cal.5235DF自动机芯，直径30.2mm、厚7.75mm，36石，324个零件，8天动力储存。另有红金半猎版本（Ref.6665-3642-55B）和不锈钢版本（Ref.6661-1127-55B），直径40mm、厚11.23mm。Cal.5254DF自动机芯，直径30.20mm、厚5.35mm，28石，321个零件，72小时动力储存。

L-Evolution Tourbillon Large Date

18K红金（Ref.8822-36B30-53B）或18K白金（Ref. 8822-15B30-53B）表壳，直径43.50mm、厚14.90mm。Cal.4225B自动机芯，直径27.60mm、厚8.68mm，46石，414个零件，168小时动力储存。另有18K白金款Ref.8822-15B30-53B。

L-Evolution Tourbillon Large Date称得上是一次小突破或创新。第一眼看去，以为只是**L-Evolution**系列的一个延伸款，搭配了陀飞轮及大日历显示。当翻表背时，不由得令人发出惊叹：动力储存被放在了摆陀上，并且可以跟随着摆陀自由旋转。开始觉得很奇特，但是仔细一想就觉得合理了。动力不就是靠摆陀的吗？摆陀不转动力从何而来？摆陀摆动的频率和次数不就决定着动力剩余的多少？如果这个摆陀上不是动力储存而是天气预报，那才叫见鬼。

Villeret-Single-Pusher Chronograph
不锈钢（Ref.6685-1127-55B）或者18K红金（Ref.6685-3642-55B）表壳，直径40.00mm、厚12.98mm。Cal.66CM8自动机芯，直径32.00mm、厚7.50mm，35石，450个零件，40小时动力储存。

BLANCPAIN（宝珀）的单按钮计时表很早就有，曾经还率先使用过哈瓦那雪茄色的表盘，算是那种盘面颜色的先锋了。今年的单按钮并不局限于单按钮计时本身，还加入了全历月相功能。按理说，这两种功能的结合，已经算是挺复杂的表了，但这款表还是很自信地配备了不锈钢版本，对于喜欢机芯、喜欢功能的人而言，这是个很平实、高性价比的选择。

Villeret-Grande Decoration

Ref.6615-3631-55B，18K红金表壳，白色或者黑色珐琅表盘，直径45.00mm、厚8.30mm。Cal.15B手动机芯，直径36.10mm、厚2.20mm，20石，117个零件，40小时动力储存。共有5种机芯雕刻主题：中国大陆及香港、日本、瑞士、巴黎，每款限量一只，仅在BLANCPAIN（宝珀）专卖店出售。

雕刻工艺也是**BLANCPAIN**（宝珀）一直保留的一项独有工艺，并且可以接受顾客的定制。之前的作品多在自动摆陀上，现在则近一步延伸到机芯上。**Villeret Grande Decoration**共有5个雕刻图案：中国、日本、瑞士、巴黎和中国香港。表盘则采用了白色或黑色珐琅，不过黑色珐琅表盘终究是比较少见的。这款表每个图案只做一只，但是抢它也没什么意义，因为这款是可以定做的。你需要什么图案，品牌为你酌情修改、设计，最后花上大把的时间雕刻在机芯上，所以说这5只可能只是个样本。我忽然有了个想法：不雕图案，雕一首诗，哪怕不是手写字，如果可以雕得很好的话，也是极为精美的了。这款表所采用的，其实是怀表机芯，也曾卖给别人用过。机芯口径达**36mm**，面积够大，创作空间够富裕。订做要点：一定要尽量复杂，不然价格都一样，就写上两三个字多亏啊！最后，尽管这表口径很大，但机芯是绝对的超薄，所以表款厚度近**8.3mm**，佩戴起来是极为舒适的。

表应该大还是小，这是一个无法回答的问题。比如PANERAI（沛纳海）要是以36mm的表款为主，我估计喜欢的人也就不多了。大是它的本质，就像Smart一样。大，是DNA，但是有些表做大了就没人喜欢了。比如CHOPARD（萧邦）的Chrono One，懂得欣赏这个机芯的人，不会希望它的表壳变得很大的。BLANCPAIN（宝珀）的春宫三问表，之前的尺寸特别合适，38mm左右，比较适合日常佩戴，绝对的内敛，或者说是闷骚。今年这款可不得了，以我的记忆估测，起码有45mm。但是做大了之后，却丝毫不觉得它因为大而显得蠢。您瞧瞧它的表背，这么大一块金雕，这种XXL型的春色荡漾，小了能过瘾吗？虽然表壳在不缩小金雕的情况下或许还有瘦身的可能，但目前的尺寸属于比较适中那一类的了。有三问、卡罗素以及立体的春宫，所以这表也是厚得得当。手表的正面还是非常低调，但是之前的表款是没有卡罗素的。如果我有钱定做，卡罗素可以留下，但要是能把那个窟窿堵上，换成一整片干净的珐琅盘多好！以功能来说，它PK不掉1735，但在我心目中，这是一款真正超级复杂的BLANCPAIN（宝珀）表。

Le Brassus-Minute Repeater Carrousel

Ref.00235-3631-55B，18K红金表壳，白色珐琅表盘，直径45mm、厚15.35mm。Cal.235自动机芯，直径32.80mm、厚9.10mm，54石，444个零件，65小时动力储存。限量30只。

去年的两位“大腕”今年也有了一些细节变化。首先是卡罗素三问，今年显得更加艺术，正面的表圈变成了珐琅，感觉6时位置的卡罗素便完全与机芯融为一体了。翻看背面，依然是鬼斧神工的大把的雕刻，并且加装了自动摆陀。三问是很难做好的。小海耶克几年前就说要重新修正三问机芯，做得大一点。看这个机芯的尺寸，是不小的，并且BLANCPAIN（宝珀）的新款三问表采用的都是教堂音簧，声音更有神韵。

L-Evolution-One-Minute Sapphire Carrousel

Ref.00222-1500-53B，钽金属表壳，直径43.50mm、厚13.50mm。Cal.22T手动机芯，直径33.50mm、厚6.01mm，43石，209个零件，120小时动力储存。限量50只。

另一个变化是水晶卡罗素。当年宝珀推出卡罗素的情景至今依然印象深刻，因为陀飞轮有偏心或正心之别，但偏偏有一个群体的人咬定了只要偏心的就是卡罗素。我个人也是没少为BLANCPAIN（宝珀）鸣不平。直到第一款卡罗素出来，正心结构，一分钟一圈，但确是卡罗素装置。然而就在BLANCPAIN（宝珀）的卡罗素推出后，紧接就有其他的品牌跟风，还扬言要比BLANCPAIN（宝珀）的复杂多少倍，思来令人发笑。卡罗素并不是什么复杂的东西，发明它就是因为陀飞轮的工艺太难，而卡罗素有平民陀飞轮的称号。BLANCPAIN（宝珀）做卡罗素只是为了创新，顺便正正视听而已。

去年水晶卡罗素为贵金属表壳，全透明的水晶夹板。今年的高科技许多，首先是表壳，为全景观式，正、反、侧边都可以看到机芯的运作。内部虽然还是三层蓝宝石水晶，但里面被某种类似镭射的雕刻工艺细密地雕上了JB字样。但这些文字实在太微小，10倍放大镜下依然很难分辨，看到的只是一片密密的小点，像是女人的丝袜一般。同时似乎还经过镀膜处理，经过反光，飘荡着一片幽绿色调，十分迷幻。表壳的金属部分为钽金属，色调雅致，也堪称轻盈，它甚至可以作为日常便装时佩戴的表，够低调，够奢华。对于为什么这次在水晶表面雕刻微型文字呢？据说是因为有客户反映，以前的太透明了，直接看到手腕上的汗毛啦！

PANERAI

LABORATORIO DI IDEE.

PANERAI（沛纳海）是公认的大尺寸腕表的始作俑者。以突破常规的尺寸以及鲜明的军表风格风靡全球后，PANERAI（沛纳海）突然发力，连续推出了多款自产机芯，从自动、手动，再到计时，甚至陀飞轮，迅速覆盖了自己所有的表款。

但是，就算是超人，也需要适当缓冲一下，更何况是技术含量超高的机芯研发。所以今年PANERAI（沛纳海）只有一款新机芯推出。其实，我也是不忍心说“只”字的。有新机芯就很不错了，殊不见有的品牌只推出了一款基础机芯，每年改一下，加个日历，加个动力储存，也还要每年大肆吆喝一番呢！今年，有个同仁跟我说：“PANERAI（沛纳海）今年没什么亮点，只有一款新的手动机芯。”唉……我觉得可能真是被“惯坏了”吧。

依我看，PANERAI（沛纳海）今年令人耳目一新的变化还是挺多的。就材质而言，以Luminor Submersible 1950 3 Days Automatic Bronzo（PAM00382）为代笔，相信很多杂志都会重点推介这款表，因为实在很有特色。第一，青铜表壳，说绝无仅有可能有不严谨之嫌，但确实是非常罕见的。地球人都知道，PANERAI（沛纳海）只要在表壳上搞点“幺蛾子”就一定会大卖特卖，疯狂到一表难求，还需要形容吗？青铜表壳，用一段时间之后，我想是有些金属反应的，会显得很旧很旧，但那才是真正的漂亮。绿色表盘也是PANERAI（沛纳海）的破瓜之举，内部搭载比较新的Cal.P.9000自动机芯，表背和表扣则是钛金属，限量1,000只，价格嘛，我记得是10万元人民币上下。

Luminor Submersible 1950 3 Days Automatic Bronzo

Ref.PAM00382，青铜表壳，直径47mm，钛金属表底外圈和大号表扣，附一条备用表带，300m防水。Cal. P.9000自动机芯，厚7.9mm，28石，摆频每小时28,800次，197个零件，双发条盒，72小时动力储存。限量1,000只。

Luminor 1950 3 Days

Ref.PAM00372，不锈钢表壳，直径47mm，皮革表带配大号不锈钢表扣，附一条备用表带，100m防水。Cal.P.3000手动机芯，直径37.2mm、厚5.3mm，21石，摆频每小时21,600次，双发条盒，72小时动力储存。限量3,000只。

再来说说外形，PANERAI（沛纳海）的表款众多，但是“底子”基本上就是Radiomir和Luminor。Radiomir是一个典型的枕形表壳，古朴雅气。之后为了提升腕表的耐用性，推出了Luminor型表壳。外形更加厚实、硬朗，表冠配有一个专利护桥以提升防水性能。但是今年全新的Luminor 1950 3 Days（PAM00372），表壳融合了两种壳型的特点。据说是当年Radiomir蜕变为Luminor过程中的一种设计。表耳及表冠护桥依然是典型的Luminor的设计，但是边缘却带有Radiomir稍显圆润的设计。腕表内搭载Cal.P.3000手动机芯，这也是PANERAI（沛纳海）今年的又一个看点。Cal.P.3000手动机芯，配有双发条盒，3天动力储存。在看草图的时候，我就曾预言说它将是PANERAI（沛纳海）最好看的基础机芯。因为够大，口径达37.2mm，夹板也漂亮。唯一小小的憾事是摆轮不是很大。但长动力机芯摆轮大的也不多。这个机芯的摆轮已经算是大块头的了。今年搭载Cal.P.3000的有几个表款，彼此之间有两个共同特色，无论限量还是非限量，第一是表壳侧面有型号，另外，有表的编号。我曾经说PANERAI（沛纳海）越来越有ROLEX（劳力士）的气质，这一次更加近亲。因为ROLEX（劳力士）一直是这么干的。但是，PANERAI（沛纳海）刻的编号不是每只表的独立编号，起码从样表看起来是这样；其次，2011年的这几只搭载Cal.P.3000的表款都有两个表镜。它所使用的表镜是塑胶，而不是市井流行的蓝宝石水晶玻璃。塑胶表镜的手感更加温暖，质感更加古朴。

Luminor Composite 1950 3 Days

Ref.PAM00375，棕色Panerai Composite材质，直径47mm，皮革表带配大号Panerai Composite材质表扣，附一条备用表带，100m防水。Cal.P.3000/1手动机芯，直径37.2mm、厚5.3mm，21石， 摆频每小时21,600次，双发条盒，72小时动力储存。限量2,000只。

之前说到的Luminor 1950 3 Days（PAM372）算是Cal.P.3000机芯的入门款，尽管是限量3,000只，但和后面几位相比，还称得上是入门。抛光不锈钢表壳，总使我想起了谁谁或某某。表盘上的荧光材料也是古朴的淡黄色，品牌LOGO不再是印刷体，而是镌刻上去的，非常有卖相。

去年的疯狂炒货339，在尖沙咀的VIP表店叫价十七八万港币，厉害吧？今年乘胜追击，用1950做Composite表壳，搭载Cal.P.3000机芯，好像已经具备了所有可炒元素。只是，我有些不喜欢那个表镜，这么漂亮的机芯，非要戴个“有色眼镜”。

Radiomir 3 Days Platino

Ref.PAM00373，铂金表壳，直径47mm，鳄鱼皮表带配白金针扣。100m防水。Cal.P.3000手动机芯。限量199只。

下文提到的这只，属于Cal.P.3000机芯的奢华版本，其实共有3只，全部采用贵金属表壳。铂金表壳的373，用了从未用过的表盘设计，复刻的是古董名机2533，经典到不能再经典。不光logo是古典排列样式，注意，时针的中间也是有一条横杠的。当然，logo也是镌刻的，非常古雅。此外还有红金版本的379，它的面盘是三兄弟中最常见的。白金表壳的376是加州面，一时无语，美到不行了。373的盘面虽然从未问鼎新表江湖，但我还是喜欢加州面。正面好看，背面也漂亮。背面外圈的刻字也是复古样式的。它们都是47mm口径，机芯的数据和别的Cal.P.3000都是一样的。

Luminor 1950 Chrono Monopulsante Left-Handed 8 Days Titanio

Ref.PAM00345，钛金属表壳，直径44mm，皮革表带配钛金属针扣。Cal.P.2004/9手动机芯，直径31mm、厚6.6mm，31石，摆频每小时28,800次，329个零件，三发条盒，8天动力储存。限量150只。

Luminor 1950 Left-Handed 8 Days Titanio

Ref.PAM00368，钛金属表壳，直径47mm，皮革表带配大号钛金属表扣，附一条备用表带，100m防水。Cal. P.2002/9手动机芯，直径31mm、厚8.2mm，23石，摆频每小时28,800次，246个零件，三发条盒，8天动力储存。限量1,000只。

2011年PANERAI（沛纳海）的新款很多，而且每一款都有当炒元素，所以叫人有些无从选择。这款Luminor 1950 Left-Handed 8 Days Titanio（PAM00368）是左手表，1950表壳，仅这两点已经是两剂疯狂的激素。回想一下，用6497机芯的217都要多少钱？今年有两只左手表一个是这款368，自产8天动力储存机芯，钛金属表壳，另一款是同样钛金属表壳，搭载Cal. P.2004/9单按钮计时机芯的Luminor 1950 Chrono Monopulsante Left-Handed 8 Days Titanio（PAM00345），没有PANERAI（沛纳海）左手表的朋友，不妨狙击之。

Luminor Composite Marina 1950 3 Days Automatic

Ref.PAM00386，棕色Panerai Composite材质表壳，直径44mm，皮革表带配大号Panerai Composite材质表扣，附一条备用表带，300m防水。Cal. P.9000自动机芯，直径31mm，厚7.9mm，28石，摆频每小时28,800次，197个零件，双发条盒，72小时动力储存。

Radiomir 8 Days Ceramica-45mm

Ref.PAM00384，黑色陶瓷表壳，直径45mm，皮革表带配大号钛金属表扣，100m防水。Cal.P.2002/3手动机芯，直径31mm，厚6.6mm，21石，摆频每小时28,800次，225个零件，三发条盒，8天动力储存。限量500只。

Luminor Submersible Regatta-Classic Yachts Challenge

Ref.PAM00371，钛金属表壳，直径47mm，橡胶表带配针扣，附备用表带。300m防水。Cal.P.9001自动机芯，直径31mm，厚7.9mm，29石，摆频每小时28,800次，229个零件，双发条盒，72小时动力储存。限量500只。

Radiomir Balck Seal Logo

Ref.PAM00380,不锈钢表壳，直径45mm，皮革表带配不锈钢针扣。100m防水。Cal. OP II手动机芯，直径37mm，17石，摆频每小时21,600次，56小时动力储存。限量2,000只。

Luminor Submersible今年也有新款，Classic Yachts Challenge。这次居然不是计时表了。有点震惊于9时位置小秒针前10秒颜色变化的意义。另外，现在很多PANERAI（沛纳海）都有这个优点了——具有快速表带更换系统。

记得有位朋友曾经让我帮忙找292，但是我感觉那只表的机芯一般，买表不能完全不顾机芯的，我建议他等等。这不，新款来了，384，一样是陶瓷表壳，换上了8天动力的自产机芯，是限量的，而且数量更少。够轻盈，口径也不大。我想，没有对292下手的朋友，这次机会又来了。

现在有不少女孩不顾PANERAI（沛纳海）的大口径，尽管套在手腕上。最后这款我感觉就很适合白白净净的小姑娘戴。有野性和人性的感觉，但并不算是过分。限量2,000只，可以努力找自己生辰年份的那一款。

2011年最"平凡"的一只PANERAI（沛纳海）——Luminor Composite Marina 1950 3 Days Automatic（PAM00386），用Cal.P.9000自动机芯，却拥有了如此不平凡的表壳，可以作为替代339的优良选择。

售后服务中心

城市	地址	联系电话
北京市	崇文门外大街三号新世界北办公楼 601 室	+86/010 6709 4888
上海市	上海淮海中路 1325 号爱美高大厦 501 室	+86/021 6121 2888

专卖店

城市	地址	联系电话
北京市	朝阳区建外大街 2 号银泰商业中心首层 105 号铺沛纳海北京银泰中心专卖店	+86/010 8517 1263
上海市	浦东世纪大道 8 号上海国金中心 L1-16 号铺沛纳海上海国金中心专卖店	+86/021 5012 1680
	南京西路 1266 号恒隆广场 B102 号铺位沛纳海上海恒隆广场专卖店	+86/021 6288 0100

营销网络

城市	地址	联系电话
北京市	王府井大街 172 号丹耀大厦	+86/010 6525 3490
	建国门外大街 1 号国贸商城Ⅲ期 3L108 号铺	+86/010 8535 1127
上海市	虹桥路 1 号港汇广场 101B 号铺	+86/021 6407 1540
广州市	环市东路 369 号友谊商店 1 楼	+86/020 8357 7581
重庆市	渝中区五一路海逸酒店 LGL 层（平街层）	+86/023 6382 8329
沈阳市	和平区太原北街 86 号	+86/024 2341 0898
武汉市	江汉区新华路 218 号	+86/027 8283 2872
成都市	春熙路 8 号群光百货一楼	+86/028 6597 0067
	春熙北段 49 号	+86/028 8666 3988-217
太原市	长风街 13 号天美新天地一层新宇三宝店	+86/0351 837 6181
大连市	中山区解放路 19 号百年城 M2 层	+86/0411 8230 7803
	中山区友好广场远洋洲际大厦 B 座 6 号	+86/0411 8265 9797
鞍山市	铁东区二一九路 47 甲 -1 号	+86/0412 228 0059
长春市	朝阳区建和胡同 79 号	+86/0431 8896 0033
哈尔滨市	道里区中央大街 142 号	+86/0451 8467 6972
杭州市	武林广场 1 号	+86/0571 8506 3043
福州市	鼓楼区八一七北路 268 号福州大洋晶典百货商场一楼	+86/0591 8859 0808
南宁市	七星路 137 号	+86/0771 210 9020
昆明市	东风路 9 号金格中心	+86/0871 311 9088
	白塔路 90 号	+86/0871 312 2560
深圳市	罗湖区嘉宾路金光华广场 L1-02 铺	+86/755 8261 1299

LONGINES®

优雅、理性的LONGINES（浪琴），在历史上与航空业其实也有着密不可分的关系，曾经的威姆斯Weems秒针设定腕表、Lindbergh Hour Angle自动上链机械腕表等都让我们认识到了这段历史。今年，LONGINES（浪琴）为我们讲述了另一段故事，同样和航空有关。

2009年，曾经在瑞航工作的Harry Hofmann参观LONGINES（浪琴）工厂时展示了一下自己在瑞航的工作手表。那是一款24小时显示的手表。根据历史资料显示，该表正是1953—1956年间LONGINES（浪琴）为瑞士国家航空公司独家生产的70只手表的其中之一。24小时制显示方式存在的价值，在于当时的科技所限，航行需要跨越不同时区，但太阳却不是时刻可见，所以24小时的表可以轻易辨别昼夜。在古董表世界里，24小时显示的表并不多见，有些大牌的24小时显示也因为少见而拍卖价格高昂。今年，LONGINES（浪琴）复刻推出了当年表款的复刻款，名为Twenty-Four Hours，硕大的表壳，口径达到了47.5mm，搭配大大的洋葱头表冠，一副标准的飞行员腕表的模样。黑色面盘，搭配桃花和柳叶指针，使这个庞然大物也显得清隽不少。可开启后盖，可以见到内部机芯也选择了口径较大的ETA Valgranges中的机芯作为基础改装而成，没有大壳小芯的尴尬。在后盖内部还刻有Re-edition of a Longines navigation watch exclusively made for Swissair navigators, 1953—1956字样。

Twenty-Four Hours

不锈钢表壳，直径47.50 mm，鳄鱼皮表带配针扣。Cal.L704.2自动机芯，24石，摆频每小时28,800次，48小时动力储存。

Master Collection Retrograde Moon Phases

不锈钢表壳，直径41mm或者44mm，不锈钢链带或者鳄鱼皮表带配折叠扣。Cal. L707.2自动机芯，25石，摆频每小时28,800次，48小时动力储存。

Master Collection Retrograde

不锈钢表壳，直径41mm或者44mm，不锈钢链带或者鳄鱼皮表带配折叠扣。Cal.697.2自动机芯，23石，摆频每小时28,800次，48小时动力储存。

在我的记忆中，今年的Collection Retrograde Moon Phases可以算是LONGINES（浪琴）最复杂的手表之一了（极有可能不必加“之一”两个字）。据说有人管它叫多少针逆跳，听起来很海关的说法，怪怪的。类似的功能之前也有，今年是再下一城加入日、夜显示，与月相本身遥相呼应。其功能，就是星期、日历、月相、24小时异地时间和回跳式秒针，还有就是刚才提到的日、夜显示。极其全面的功能，极为凌厉的设计，加之两款尺寸的表壳，黑色或白色的表盘，很吸引人呢！除此之外，另有一稍简单的款式，省去了月相和日、夜视窗，同时将回跳式小秒针改为动力储存，又呈现出不同的另一种风格。

Column-Wheel Chronograph
不锈钢表壳，直径41mm，鳄鱼皮表带配针扣。Cal. L688.2自动机芯，27石，摆频每小时28,800次，54小时动力储存。

今年还有一款星轮计时表，去年也有，设计比较简约，比较复古一些。今年这款仍然是比较古典的设计，但点缀多了一些，盘面色彩变得更加丰富。最具特色的是计时秒针，还带有一小段0~7的刻度。通过它的辅助，佩戴者可以清晰辨读出一秒内每个1/8秒。因为机芯的摆频为每小时28,800次，所以这款表也只能精确到1/8秒。具体读取方式也非常简单。在计时停止时，0~7的8个小刻度，只会有一个与表盘上的刻度一丝不差的对齐。所对齐的刻度是几，即代表时间是几分之一秒。此外，表盘的色彩也比较丰富，计时表针及30分钟刻度环都采用了醒目的红色，盘面颜色有全黑色及白面黑圈两种。以视觉来说，一定是纯黑面的显得小一些。

Diamond Conquest

不锈钢表壳，直径35mm，表圈镶钻120颗，重约0.532克拉，不锈钢/陶瓷表圈款镶钻54颗，重0.367克拉。Cal.L263.2石英机芯。

Conquest一直是极为热销的浪琴表，女装犹然。它的设计很简约，很大气，表壳线条清晰，又有些硬朗，与办公室女性的那种“气势汹汹”的劲头很接近。今年的钻石版有两种表壳，一种是完全的不锈钢，外圈用了两圈钻石装饰，另一种是搭配陶瓷的版本，视觉上，它适合不是那么冷的美人。

DolceVita steel and rose gold

不锈钢及红金表壳，两侧镶嵌或表盘镶嵌钻石，尺寸19.8mm×25.5mm，22.4mm×26.85mm或26.3mm×32.1mm，不锈钢及红金表带，石英机芯。

DolceVita也是非常受欢迎的表款，LONGINES（浪琴）也十分重视这个系列的发展，造型简洁，但又有一些细节的点缀，与品牌的优雅精神十分相称。品牌的多位优雅大使也都曾演绎过这系列腕表。今年的新款外形改动不大，质感丝滑光亮，搭配钻石、红金等细节点缀，很是漂亮。

很多人年轻的时候，可能都觉得不锈钢表挺好。但是买多了，戴多了才觉得都一个样，而且很多不锈钢的简单款重量有限，戴起来不够存在感。集团内部调整，**OMEGA**（欧米茄）的定位又上升了些，造成五六万元人民币价位的金表有些空挡。我一想，也是，五六万元人民币要想买只18K金表，确实没什么太多选择，基本要沦为杂七杂八的品牌了。**LONGINES**（浪琴）看得准，下手稳准狠，将名将系列中的几款换成18K金壳，一次推出了好几只。有计时的、双日历的、动力储存显示的甚至世界时的，谁说手表业就没有蓝海的？我试戴了一下，很雅气，口径也不算很大，有魄力的女性，不妨试试那只计时表。

专卖店

城市	地址
北京市	东城区东长安街1号东方广场东方新天地一层AA05
	东城区王府井大街277号
	海淀区中关村大街40号当代商城
	王府井大街269号
	西单北大街120号西单商场一层
上海市	衡山路932号太平洋百货一楼
	淮海中路918号上海九海百盛1楼
	南京东路299号宏伊广场首层
	南京东路409号上海置地广场
	南京西路1029号
	南京西路2-88号上海新世界城
鞍山市	铁东区胜利南路42号新玛特购物广场
成都市	春熙路8号成都群光百货1楼
大连市	中山区青三街1号
大庆市	会战街22号大庆百货大楼
广州市	天河路208号天河城1107铺
哈尔滨市	南岗区东大直街320号秋林商厦
	中央大街100号中央商城
杭州市	武林广场1号杭州大厦购物中心
合肥市	长江中路369号合肥百大CBD
济南市	经十路19288号银座商城
昆明市	白塔路131号金格百货
	东风东路9号金格百货
南昌市	八一大道357号财富购物广场
南京市	中山南路79号南京中央商场
宁波市	闸街186号　闸街184号
	中山东路188号天一广场银泰百货
	中山东路220号宁波市第二百货商店
	中山东路279号金光中心一层F1-03铺
青岛市	香港中路38号
沈阳市	和平区中华路68号商贸饭店111号
	沈河区北京街7-1号卓展购物中心
	沈河区中街路128号皇城恒隆广场
	沈河区中街路151号
石家庄市	育才街58号开元花园先天下广场1层盛时表行
苏州市	人民路372号
	邵磨针巷88号
太原市	开化寺街42号巴黎春天百货
	亲贤北街99号
天津市	经济技术开发区第一大街86号友谊名都
温州市	解放南路世贸中心广场银泰百货西侧盛时表行
乌鲁木齐市	友好北路688号世纪金花百货
无锡市	中山路168号无锡八佰伴
	中山路343号无锡商业大厦
武汉市	武昌区武珞路6号群光百货商场1层
西安市	南大街100号钟楼饭店一层
郑州市	管城区东太康路24号1幢1层139号
	花园路38号大商新玛特郑州国贸总店1楼
重庆市	渝中区民权路1号

售后服务中心

城市	地址
北京市	石景山区石景山路乙18号万达广场万千百货
	王府井大街277号
	宣武区广安门外大街168号
上海市	南京东路456号B1
成都市	总府路15号王府井百货一楼名表维修中心
大庆市	会战街22号
哈尔滨市	道里区中央大街100号
杭州市	萧山区城厢市心中路288号一楼浪琴专柜
合肥市	长江中路369号合肥百大CBD三新钟表店
	商之都宿州路8号
济南市	经十路19288号玉涵银座商场一楼
兰州市	城关区东方红广场国芳百货北侧一楼
宁波市	中山东路238号
青岛市	香港中路38号
绍兴市	绍兴市胜利东路355号
深圳市	罗湖区宝安南路1881华润君悦酒店D栋S145-S249号商铺
沈阳市	沈河区中街路128号皇城恒隆广场
	沈河区北京街7-1号卓展购物中心
石家庄市	育才街58号开元花园北国商城
	中山东路326号先天下购物广场一楼
乌鲁木齐市	友好北路688号世纪金花经营一部亨吉利
武汉市	洪山区珞瑜路6号群光广场一楼
西安市	民生大楼解放路103号
	南大街100号钟楼饭店一层浪琴表旗舰店
银川市	兴庆区新华东街97号新华百货商店一楼亨吉利
	玉皇阁南街8号
郑州市	二七路金博大店
重庆市	市中区民权路1号

MONT BLANC

MONTBLANC（万宝龙）如今早已不只是高级书写工具的代表，特别是2007年MONTBLANC（万宝龙）发掘得到了顶级制表业的一件瑰宝——位于瑞士维莱尔镇的Minerva表厂之后，向人们真正展示出了什么叫“如虎添翼”。记得其首批以全新形象问世的机芯便是包含了Cal.16-29、Cal.13-21两款手动计时机芯。视觉上以“惊艳”形容绝不为过。不但版路设计优美，打磨工艺细腻，硬件性能同样体现着这款机芯的顶级定位。

今年在SIHH展会上，坠入花丛之中迷途不返的S兄在某一天问我，觉得MONTBLANC（万宝龙）的那个Minerva机芯的计时表不错，要不买一个吧。我说，会不会太贵呀？他说价钱是不便宜，但你想想，同样的价格能买到什么档次的计时表呢？我仔细一想，好像也对。现在是连一个Cal.7750机芯改一改就敢卖十几万的年代，Villeret 1858就显得别有坚持了。今年的新款也是珐琅盘，而且是黑色珐琅盘，视觉上显得更加雅致。单按钮计时，表盘还配置了脉搏计，似乎还有些医生表的气质！

Villeret 1858-Vintage Pulsographe

18K红金或者白金表壳，直径39.5mm、厚12.03mm，珐琅表盘，鳄鱼皮表带配金制针扣。Cal.MB M13-21手动机芯，直径29.5mm、厚6.4mm，22石，摆频每小时18,000次，239个零件，60小时动力储存。两种金属表壳各限量58只。

TimeWalker TwinFly Chronograph

DLC处理钛金属表壳，直径43mm、厚15.3mm，鳄鱼皮表带配DLC处理不锈钢针扣。Cal.MB LL100自动机芯，36石，摆频每小时28,800次，双发条盒，72小时动力储存。

刚才说到Cal.ETA 7750，TimeWalker系列曾经就是这款机芯的“用户”之一。今年MONTBLANC（万宝龙）推出了一款全新的机芯，中文叫双飞，这个词实在有些流氓，国家是一直严厉打击的。我应该简单解释一下：与其他计时表不同的是，这只表的计时秒针与分针是同轴位于表盘中心的，同时机芯还具有飞返功能，双飞的名称想必是由此而来。这种两针同轴的方式，在MONTBLANC（万宝龙）品牌自身，确实是第一次采用这种方式。全新的机芯编号为Cal.MB LL100，自动上链，从机芯的版路风格，也能明显看出是出自于MONTBLANC（万宝龙）之手。机芯装饰工艺不如Villeret 1858系列的华丽，但是严谨有加。擒纵系统采用了无卡度游丝及砝码式微调摆轮，计时部分采用了传统、精密的导柱轮及现代的垂直离合系统。双发条盒，可提供72小时动力储存。除了计时功能之外，还有24小时第二时区显示。除了一款黑色DLC表壳的限量版外，还有不锈钢搭配皮带及不锈钢表壳搭配不锈钢链带的款式，价格也不错，不锈钢版不过5万多港币。

Star World-Time GMT Automatic

不锈钢表壳，直径42mm、厚12.6mm，鳄鱼皮表带搭配折叠扣，Cal.MB 4810/405自动机芯，21石，摆频每小时28,800次，42小时动力储存。

一提到世界时手表，首先显现在脑海中的便是密密麻麻的一圈地区名称及24小时刻度。虽然这类表的名作无数，但是阅读起来还是稍显不便。MONTBLANC（万宝龙）明星系列中的新作——自动上链世界时间GMT腕表具有令人愉悦的显示方式及操作方式。首先，它具有世界时腕表标准的24时区地名环及24小时刻度环，但是它比普通世界时又多了一根第二时区指针，以突出显示某地时间。有趣的是，这根第二时区指针在指示时间的同时，其实也在指着该时区的代表城市名。

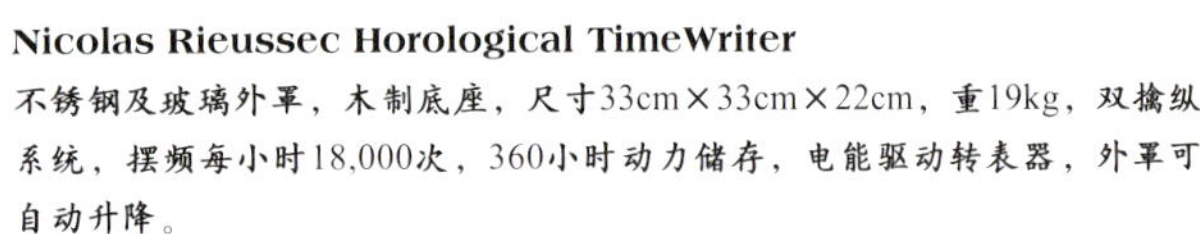
Nicolas Rieussec Horological TimeWriter
不锈钢及玻璃外罩，木制底座，尺寸33cm×33cm×22cm，重19kg，双擒纵系统，摆频每小时18,000次，360小时动力储存，电能驱动转表器，外罩可自动升降。

曾经和一位前辈讨论过关于独善其身和兼济天下的话题，MONTBLANC（万宝龙）是兼济天下的。你看，“2011年适逢计时技术面世190周年，而计时码表对万国来说又更具深刻意义：因为万宝龙不断晋身瑞士高级时计工业重要一员，兼备书法文化至尊美誉。皆因Chronograph一词由希腊文Chrono（时间）和Graphein（书写）两字组成。1821年，尼古拉斯·凯世（Nicolas Rieussec）发明的第一款计时仪器面世。为此，MONTBLANC（万宝龙）今年可谓是大笔一挥，出来个大作。不但高级、精密、奢华，也是大体积的：高33cm，宽33cm，深22cm，重19kg，名为“书写时间”的一台计时座钟。这台钟可说的地方太多了，总结一下，这就是一台计时+走

Nicolas Rieussec Chronograph Anniversary Edition白金版

18K白金表壳，直径43mm、厚14.8mm，鳄鱼皮表带配金制折叠扣。Cal.MB R110手动机芯，33石，摆频每小时28,800次，263个零件，双发条盒，72小时动力储存。限量90只。另有铂金款限量25只。

Nicolas Rieussec Chronograph Anniversary Edition红金版

18K红金表壳，直径43mm、厚14.8mm，鳄鱼皮表带配金制折叠扣。Cal.MB R110手动机芯，33石，摆频每小时28,800次，263个零件，双发条盒，72小时动力储存。限量190只。

时，座钟＋转表器，机械＋电子的综合产物。钟的正面就像是一个放大的尼古拉斯·凯世计时表的表盘，另配有两个动力储存盘，分别显示走时系统及计时系统的动力储存情况。无需开启钟罩，通过底座上的两个按钮即可操作计时功能。另外，内部机芯也如同两部分的合体，计时及走时甚至都有各自的发条盒，传统系统及擒纵系统。互补干扰，相对独立运转。在钟的最上方，另配有一个转表器，不过是由电池驱动。当然，与钟配套销售的尼古拉斯·凯世计时表，外观上与座钟也是一对绝配，整套仅限量发售19套。此外，尼古拉斯·凯世计时表也有单独发售的纪念版手表，铂金限量25只，白金限量90只，红金190只，采用墨绿色的表盘，让我想起了狄更斯的笔杆。

Villeret 1858-Tourbillon Bi-Cylindrique

18K红金、白金或铂金表壳，直径47mm、厚15mm，鳄鱼皮表带配金制针扣。Cal.MB M65.63手动机芯，直径38.4mm、厚10.3mm，26石，摆频每小时18,000次，284个零件，46小时动力储存。铂金限量1只，红金和白金各限量8只。

神秘显示陀飞轮曾经一举为MONTBLANC（万宝龙）在顶级制表领域博得盛誉，确实精彩绝伦。今年的新款，宽衣解带，表盘上原本的马甲被撕去，露出曼妙的肌理，可以看到诸多轮系的具体运转。本来老款是叫人有些幻想的神秘感的，现在只剩下了赤裸裸的冲动。不仅如此，仔细看那个似曾相识的陀飞轮，游丝变成了圆柱形游丝，并且还有两个。历史上，圆柱形游丝经常用在体型较大，并且对精确度要求很高的钟表中。近代，我们曾经在JAEGER-LECOULTRE（积家）的球星陀飞轮中再次见到过圆柱形游丝。与普通游丝相比，圆柱形游丝在收缩运转时具有无可比拟的统一性，即游丝的每一圈曲线都能保持与其圆心距离一致。这种结构可以消除传统游丝出现重心偏差而影响走时精确度的现象。万宝龙 Villeret 1858 系 列 Tourbillon Bi-Cylindrique 双圆柱形游丝陀飞轮腕表不但具有陀飞轮装置，更配有内外两个圆柱形游丝，其游丝曲线方向相反，正像其他的双游丝擒纵系统一样，游丝可自行校正运转过程中可能出现的偏差。在我看来，这个全新的陀飞轮，绝对比下面的神秘显示面盘更加引人入胜。

专卖店

城市	地址	联系电话
北京市	建国门外大街一号国贸商城 L133B 铺	+86/010 6505 1228
	建国门外大街 22 号赛特百货有限公司一层	+86/010 6526 4307
	海淀区复兴路 33 号翠微大厦一层	+86/010 6821 0741
	中关村大街 40 号当代商城一层	+86/010 6269 6166
	朝阳区亮马桥路 52 号燕莎友谊商城一层	+86/010 6461 2648
	宣武区宣武门外大街 8 号崇光百货一层	+86/010 6310 0176
	东长安街 1 号东方广场一层 A402A&406	+86/010 8515 1696
	海淀区远大路 1 号燕莎金源店一层	+86/010 8887 3748
	海淀区北三环西路 38 号双安百货一层	+86/010 8214 8486
	复兴门内大街 101 号百盛购物中心 南楼一层	+86/010 6607 3437
上海市	南京西路 1168 号中信泰富广场 109&218 铺	+86/021 5213 6611
	漕溪北路 8 号东方商厦一层	+86/021 6469 0311
	遵义南路 6 号虹桥友谊商城一层	+86/021 6275 6532
	浦东张扬路 501 号上海第一八佰伴一层	+86/021 5836 4134
	南京东路 829 号百联世茂广场 103 铺	+86/021 6351 6841
	淮海中路 808 号	+86/021 3395 0803
南京市	汉中路 89 号金鹰国际购物中心一层	+86/025 8470 0427
	鼓楼区中央路 201 号南京国际广场 103 号店铺	+86/025 8778 5018
无锡市	中山路 168 号无锡八佰伴一楼	+86/0510 8273 1852
杭州市	武林广场 1 号杭州大厦 B 楼一层 67 号铺	+86/0571 8517 4687
	钱江新城富春路 701 号万象城一层 101#	+86/0571 8970 5030
深圳市	深南中路 1095 号中信城市广场 1017&2031 单元	+86/0755 2594 2478
	罗湖区宝安南路 1881 号华润中心万象城 S135、S136、S138 号商铺	+86/0755 2230 0691
广州市	北京路 295 号广百一楼	+86/020 8333 9149
	环市东路 369 号友谊商店首层	+86/020 8348 9199
	天河路 208 号天河城首层 182-184 号	+86/020 8559 1478
	天河区天河路 383 号太古汇商场裙楼第一层 L113 号及第二层 L217 号商铺	
厦门市	湖里区兴隆路厦门信达免税商场一层	+86/0592 261 1408
	中山路 76-132 号巴黎春天百货一楼	+86/0592 207 7835
	思明区嘉禾路 197 号磐基国际名品中心一层 115-116 号	+86/0592 531 4912
长沙市	五一中路 153 号新世界百货 1F 万宝龙专柜	+86/0731 8292 1191
成都市	宾隆街 1 号仁和春天百货 1F	+86/028 8665 6211
	友谊路 2 号仁和春天百货棕北店	+86/028 8525 1233
	青羊区二环路西二段 19 号成都青羊区仁和春天百货光华分店一层万宝龙专柜	+86/028 6150 0420
重庆市	渝中区邹容路 68 号大都会广场 L142	+86/023 6383 6116
武汉市	汉口建设大道 566 号新世界百货一楼	+86/027 8579 6547
	汉口解放大道 634 号新世界百货一楼	+86/027 6883 8310
西安市	西大街 1 号钟鼓楼广场金花商场一层	+86/029 8762 6822
	南大街 30 号中大国际一层	+86/029 8720 3716
	南关正街 88 号巴黎春天百货 1 层万宝龙专卖店	+86/029 8765 1556
	高新区科技路 33 号世纪金花高新店万宝龙专柜	+86/029 6296 1185
天津市	河西区友谊路 21 号友谊商厦一层 L7A 铺	+86/022 8837 8876
青岛市	香港中路 38 号阳光百货一层	+86/0532 8667 7180

售后服务中心

城市	地址	联系电话
北京市	崇文区崇文门外大街 3 号新世界北办公楼 601 室	+86/010 6709 4888
上海市	淮海中路 1325 号爱美高大厦 5 楼 501 室	+86/021 6161 2888

AUDEMARS PIGUET

Le maître de l'horlogerie depuis 1875

爱彼表

关于AUDEMARS PIGUET（爱彼）的招牌表款Royal Oak的故事，经常会从查理二世开始，讲他如何在一次战败后，只身一人躲进一棵空心橡树内躲避敌军的追杀。实际上，这么久远的历史与如今的手表没有直接的关系。只因查理二世遭遇，橡树成为了英格兰皇室的守护者的象征，之后又有4艘英国皇家舰队的旗舰以“皇家橡树”命名，制表大师Genta以战舰的八角形舷窗为灵感设计了此款腕表。Royal Oak的诞生至少引领了两个潮流，一是奢华运动表的概念；二是前卫、非同一般的设计，这是第一款将螺丝应用于表壳装饰的设计。

Royal Oak的成功是显而易见的，在它之后又有Royal Oak Offshore（皇家橡树离岸型），这是我心目中最性感的表壳之一，棱角分明，肌肉感十足。在全球范围内，Royal Oak Offshore在美国最为流行，销售好得有些夸张。我想，不只是美国人喜欢运动、喜欢运动表，还有个不可忽视的原因，是那个拥有绝美肌肉的聪明人的影响力。今年的Royal Oak的新款都集中在Offshore这个子系列中，其中之一便是为纪念与“那个拥有绝美肌肉的聪明人”超越10年友情的限量表。拥有绝对够震撼的48mm“大肢”表壳，并将黑色陶瓷、钛金属及红金的搭配发挥到了很霸道的程度。另一个值得特别注意的是，普通表款表带与表壳都是通过两个小金属块链接，在大块头的限量款中则会使用少见的“表耳”式连接，依然与表带形成很好的整体效果。

Royal Oak Offshore Arnold Schwarzenegger The Legacy Chronograph

Ref.26378IO.OO.A001KE.01，黑色陶瓷表壳，直径48mm、厚14.1mm，无烟煤色人造纤维（aramid）编织表带配钛金属针扣，附赠鳄鱼皮表带一条。Cal.2326/2840自动机芯，直径29.92mm、厚6.2mm，50石，摆频每小时28,800次，370个零件，38小时动力储存。限量1,500只。

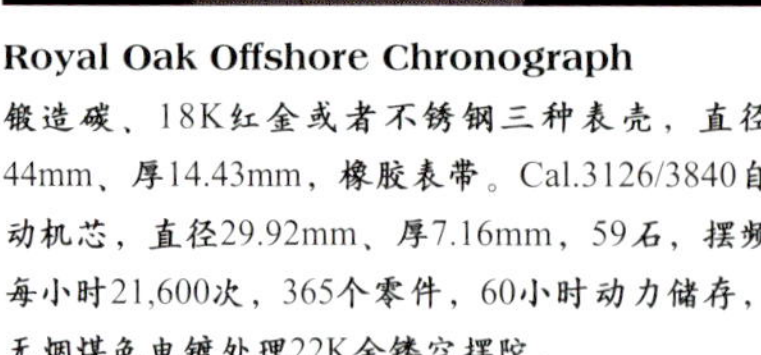

Royal Oak Offshore Chronograph
锻造碳、18K红金或者不锈钢三种表壳，直径44mm、厚14.43mm，橡胶表带。Cal.3126/3840自动机芯，直径29.92mm、厚7.16mm，59石，摆频每小时21,600次，365个零件，60小时动力储存，无烟煤色电镀处理22K金镂空摆陀。

AUDEMARS PIGUET（爱彼）品牌的一位美女问我喜欢不喜欢锻造碳，我说喜欢啊，这种材质很前卫，物理特性好，并且有很独特的质感。很多锻造碳表壳的**Royal Oak Offshore**在国际拍卖会上都有绝佳的成交，甚至远超人们的想像。今年就有一款锻造碳的**Royal Oak Offshore**让我有点小激动，产生想拥有一只的小冲动，因为它的表壳，还有机芯。不是限量的锻造碳，**Royal Oak Offshore**在国内不是满大街都是，这是第一点，还有是因为它的机芯，编号为**Cal.3126/3840**，熟悉的朋友可能一眼就能看出来，它的底子来自于之前的自动机芯之王**Cal.3120**，拥有绝美的版路设计。完全自产的自动机芯**Cal.3120**经过多年的历练，已经是很成熟的作品了。这一款计时机芯，骨子里还是很古典的，只是为了配合表壳、整体风格，它的摆陀也套上了无烟煤色电镀处理，在增加了计时组件后，机芯厚度增加到**7.16mm**（**Cal.3120**为**4.26mm**）。直径**44mm**的表壳不能算小，但是就这个外形来说，也不算大，以我的块头，驾驭它不成问题。除了锻造碳材质之外，还有不锈钢及红金的款式，表盘配色也略有不同。

Royal Oak Offshore Selfwinding Tourbillon Chronograph

Ref.26550AU.OO.A002CA.01，锻造碳表壳，表圈、表把及计时按钮均为黑色陶瓷，按钮护桥、连接链节及表扣皆为钛金属。直径44mm、厚14mm，橡胶表带。Cal.2897自动机芯，直径35mm、厚7.75mm，34石，摆频每小时21,600次，335个零件，65小时动力储存。铂金摆陀。

第三款Royal Oak Offshore很高级，陀飞轮加计时，并且是全新的自产机芯。盘面的布局很规整，陀飞轮的框架及板桥的造型也挺好看。背面机芯部分则很现代，平行式离合，导柱轮一应俱全，似乎比常见的计时组件还要简洁一些。不经意间，从边缘处发现了环形的自动摆陀，居然是自动表，还低调地将前卫的环形自动摆陀隐藏起来，是个不大不小的惊喜。按动计时按钮，发现手感相当细腻，与它粗犷的外形形成鲜明对比。表壳口径同样不算很大，集合了三种高科技材质：锻造碳、陶瓷及钛金属，戴在腕上效果不错。

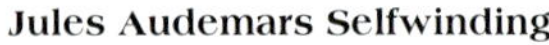

Jules Audemars Selfwinding
18K红金或白金表壳，直径39mm、厚9mm，鳄鱼皮表带配金制针扣。Cal.3120手动机芯，直径26.60mm、厚4.26mm，40石，摆频每小时21,600次，278个零件，60小时动力储存，22K金摆陀。另有表圈镶钻款，镶嵌70颗圆钻，重约0.60克拉。

Jules Audemars Extra-Thin
18K白金表壳，直径41mm、厚6.7mm，鳄鱼皮表带配白金针扣。Cal.2120自动机芯，直径28.4mm、厚2.45mm，37石，摆频每小时19,800次，214个零件，40小时动力储存。

Jules Audemars Small Seconds
18K红金或白金表壳，直径33mm、厚6.95mm，鳄鱼皮表带配金制针扣。Cal.3090手动机芯，直径21.4mm、厚2.8mm，21石，摆频每小时21,600次，148个零件，48小时动力储存。另有表圈镶钻款，镶嵌60颗圆钻，重约0.52克拉。

现在有一种“中国表”的说法，并不是说采用了多少中国元素装饰，而是设计、功能非常符合中国大众消费者喜好的一类手表。总的来说，这类表最明显的共通之处就是设计经典、简约，功能上也如是，简洁实用。在Jules Audemars系列中，放眼望去，今年几乎都是这类表，在市场上肯定会有很好的人缘。比如曾经搭载自动王Cal.3120的Jules Audemars今年有了新款，与之前相比，没有大大的罗马数字刻度，没有繁复雕花纹理，表盘看上去干净舒服。红金白盘是经典的常规搭配，还另有更加绝配的红金黑面，外圈装点了一圈钻石，女性戴也很好。男士佩戴的话，可以与下面这款配成一对。

我们时常管这种表叫“小女表”。设计很谨慎，或者叫很经典，很平实，就像一个温暖的握手，对自身一次并不伤筋动骨的奖励，或者对爱人的一次象征性的安抚。它有点像《非诚勿扰2》里面的那种试婚，不从激情阶段开始，直接从七年之痒开始，那是一种成熟

Jules Audemars Dual Time
18K红金（黑色或银色表盘）或白金（银色表盘）表壳，直径41mm，厚9.25mm，鳄鱼皮表带配金制折叠扣。Cal.2329/2846自动机芯，直径29.92mm，厚4.9mm，33石，摆频每小时28,800次，261个零件，38小时动力储存。

Jules Audemars Moon - Phase Calendar
Ref.26385OR.OO.A088CR.01，18K红金表壳，直径39mm，厚8.8mm，鳄鱼皮表带配红金针扣。Cal.2324/2825自动机芯，直径26.6mm，厚4.6mm，45石，摆频每小时28,800次，215个零件，40小时动力储存。

的、平淡的、温暖的、温情的感觉。

今年的**SIHH**似乎刮起了自己的流行风潮——超薄，这个在巴塞尔倒没有明显的感觉，但是在**SIHH**，多家品牌都出了超薄款式。**AUDEMARS PIGUET**（爱彼）今年也有，并且从内到外都很纯粹，表壳口径并不像其厚度那样秀气，为**41mm**，有一种宁静的大气感。内部的自动机芯，不想再重复，也可称得上是自动王之一，是经典的代名词。

下面两款，是带一些功能的，并且都很实用，丝毫不显得累赘。首先是**Jules Audemars Dual Time**，它有着似曾相识的盘面，日历、第二时区及日夜显示、动力储存，日常能用到的功能，基本上该有的都有了。可我常常想，一个做到很实用的极致的东西，总是叫人感觉有些遗憾的。第二款取消了第二时区，换上了月相视窗，搭配日历及星期显示，实用与浪漫，都齐全了。同事问我，这一只为什么没有做透明后盖呢？我说不是每一只都可以露后背的，那里面隐藏了很多信息。

Millenary 4101

不锈钢表壳（Ref. 15350ST.OO.D002CR.01），或18K红金表壳（Ref. 15350OR.OO.D093CR.01），尺寸47mm×42mm、厚13mm，鳄鱼皮表带配折叠扣。Cal.4101自动机芯，尺寸37.25mm×32.90mm、厚7.46mm，34石，摆频每小时28,800次，253个零件，60小时动力储存，22K金陶瓷滚珠轴承摆陀。

Millenary系列在**2011**年最重要的款式，我认为应该不是准备在这里压轴出场的那只三问，而是这一只。一天晚上看电视，一个设计节目，**8**平方米的空间，给**80**后住。真难为那些设计师了，这么小的空间能玩出什么花样呢？当然，能把一个本质上不复杂的东西玩出精彩，这才是真正的设计功力所在。**Millenary 4101**就有这样的功力，你说它是什么复杂功能吗？看起来挺像，其实就是一只小三针的自动表，将摆轮做在了机芯正面，并且裸露在表盘之上。之前类似的做法也有，格拉苏蒂，效果也很好，那只表在嘉德拍卖上创出了惊人的佳绩。

Millenary 4101这一只，桥式的摆轮夹板横跨在表盘上，很像一只复杂功能表，而且它的盘面更加立体，层次更加丰富，错落有致。看背面，那个金制摆陀，感觉很像**Cal.3120**，细心观察的话，就会发现这是一枚如假包换的全新机芯，摆轮由背面转到正面，会牵扯到机芯内很多结构的改动，机芯整体也是呈椭圆形，只是背面的摆陀以及夹板形状给人以错觉罢了。最可人的是它还有一款不锈钢表壳的版本，绝对可以打倒一大片。

Millenary Hand - wound Minute Repeater

Ref.26371TI.OO.D002CR.01，钛金属表壳，尺寸47mm×42mm、厚15.79mm，鳄鱼皮表带配钛金属折叠扣。Cal.2910手动机芯，尺寸37.90mm×32.90mm、厚10.05mm，40石，摆频每小时21,600次，443个零件，165小时动力储存。限量8只。

这是AUDEMARS PIGUET（爱彼）首次用独家的擒纵系统加上三问功能的超级组合体。AUDEMARS PIGUET（爱彼）的独家擒纵系统相当复杂，说比陀飞轮复杂，我看也不算夸张的。外观很容易让人误解为是陀飞轮，也有一个桥式夹板，并且采用双游丝结构。关于这种擒纵系统，我记得在《时间·艺术》创刊时有过详细的描写，这是一种极为古法的传承。三问，我们一向推崇备至，这才是真正的复杂，什么擒纵结构，那些都是小小水，三问可以做得够大声、声音好听，真是难于上青天。眼前这一只，就更厉害了，机芯是椭圆形的，所以音簧也是椭圆形，AUDEMARS PIGUET（爱彼）很聪明，用钛金属做表壳，因为钛这种金属对音质表现有绝佳的提升，铂金反而不灵。声音到底怎么样呢？因为是样品表，不知被把玩了多少次，按下去，声音很甜，不错！真正的出品，我想会更好。

专卖店

城市	地址	联系电话
北京	东城区东长安街1号东方广场首层SS03　100738	+86/010 8518 0028
	朝阳区建国路87号新光天地一层M1005室	+86/010 5738 2480
上海	南京西路1038号梅龙镇广场111铺	+86/021 6218 6586
	南京西路1177号	+86/021 6272 6903
大连	中山区解放路19号F105	+86/0411 8230 7803
	中山区人民路8号1楼	+86/0411 8265 9898
	中山区友好广场远洋洲际大厦B座6号	+86/0411 8265 9797
西安	南大街36号	+86/029 8726 3153
苏州	人民路383号泰华商城一层爱彼专柜	+86/0512 6572 2036
宁波	中山东路天一广场1号门　闸街190号	+86/0574 8725 3928
济南	泺源大街66号银座商城百货商场	+86/0531 8606 5639
青岛	市南区澳门路117号	+86/0532 6678 8006
深圳	宝安路1881号万象城二期S116商铺	+86/0755 2227 4726
哈尔滨	南岗区东大直街323-1号	+86/0451 5390 5166
长春	重庆路968号	+86/0431 8896 8684

售后服务中心

城市	地址	联系电话
上海	南京西路388号仙乐斯广场2101室	+86/021 6334 5958

IWC
SCHAFFHAUSEN

这次瑞士展会期间，顺路拜访了一下IWC（万国）位于沙夫豪森小镇的工厂。与很多被大家所熟知的瑞士品牌不同，这里紧邻德国边境，IWC（万国）也成了为数不多的几个位于瑞士德语区的品牌之一。

沙夫豪森小镇中心区确实小得可以，如果单纯步行的话（不东看西逛），十几分钟就可以横穿整个小镇。尽管小，这里依然能够遇到不少专程过来旅游的人，除了著名的莱茵河瀑布（在很多IWC的宣传片中，都能见到这个瀑布精致但不失壮丽的景色）、山寨及葡萄园，IWC（万国）表厂及博物馆也成为了这里重要的一处游览胜地。在平时，博物馆几乎每天都向公众开放，经过申请或预约，公众团体也可以进到表厂参观。表厂接待我们的一位金发美女介绍说，与巴塞尔、日内瓦相比，这里有更浓郁的德国风情。尽管这些对于我们外乡人来说还没有很明显的体会，但这里的人给我们的感受却是更加纯朴，热情。私家车不惜倒车百余米为我们指路，甚至公交车司机都会在我们到站之后下车为我们指路。最让我感动的是，在去莱茵河瀑布路上遇见了一位早上出来遛弯的大叔，给我们当起了义务导游，操着德国式英语，带我们游览了大半个景区。短短的两天内，我感觉自己似乎成了这个小镇的VIP，愉快而亲切。

始建于16世纪的mount古堡及葡萄园

袖珍但不失壮丽的莱茵河瀑布

小镇中心街道上的IWC（万国）钟表

IWC（万国）今年的重点，也是让人感到轻松和愉悦的。柏涛菲诺本是意大利西北部的一个海港小镇，又叫菲诺港。这里曾是意大利最美丽的渔村，如今更被誉为地中海最美的海港小镇。小镇迷人的风景，平和惬意的生活成为IWC（万国）的灵感源泉，在1984年首次推出了柏涛菲诺系列手表，集成了葡萄牙系列浑圆且大尺寸的表壳，直径达到了46mm，内部搭载9521型怀表机芯，外观也是竭尽简约。2011年最新的柏涛菲诺系列，跳出了之前一直被人认作IWC（万国）入门之选的形象，尺寸更大，同时也通过机芯凸显了其独有性。

Portofino Hand-Wound Eight Days

Ref.5101，18K红金或者不锈钢表壳，直径45mm、厚12mm，鳄鱼皮Santoni表带配针扣。Cal.59210手动机芯，摆频每小时28,800次，30石，8天动力储存。

Portofino Hand-Wound Eight Days无疑成为了其中最引人瞩目的一款。从图片看这只表似乎口径不大，实际上，浑圆的表壳直径达到了**45mm**，薄薄的表圈，舒展的表盘，轻盈的指针……从正面看很容易误解为机芯不大。翻过来看，按前辈的话说，这叫薄皮大馅，很有充实感，看着就过瘾。机芯的直径，达到**37.8mm**，在最大的几只手表机芯中绝对能排得上号了。说是走**8**天，实际人家可以走**9**天。只是**8**天一过，自动停止，不允许因扭矩过小而导致走时不准。多看几眼，很是刺激。戴在手腕上，虽然直径达到了**45mm**，但你不会觉得大，因为红金灰面，不显大。再有，表壳实际很薄，所以还是相当舒服的。功能其实就是日历、小三针、动力储存。它的导向，还是日常佩戴表。而且它是针扣，我喜欢！

Portofino Dual Time

Ref.3610，18K红金或者不锈钢表壳，直径45mm，厚12mm，鳄鱼皮Santoni表带配针扣。Cal.64710自动机芯，29石，摆频每小时28,800次，72小时动力储存。

Portofino Dual Time是一直很适合白领的表。虽然我从未搞清楚白领、蓝领之类的。根据什么来的呢？这个名词的词源是什么呢？穿白衬衫的就是白领？那蹲在外滩门口抽烟的老汉们不都是白领？或者叫商务人士？这个词比较准确，有具体的意指，穿着西装，戴着眼镜，领带还在包里叠着，拎着手提包，里面装着电脑，旁边别一个IPAD，穿梭于各个国内、国际机场和各类五星级酒店之间——就是那类人，挺适合这只表。45mm的口径绝对够大气，功能实用，两地时加日历，如同量身定做一般，并且机芯也是自动的，繁忙之中不必挂念着何时该给手表上链了。

Portofino Chronograph

Ref.3910，不锈钢表壳，直径42mm，厚13.5mm，鳄鱼皮Santoni表带配针扣或者织网表链。Cal.79320自动机芯，25石，摆频每小时28,800次，44小时动力储存。

从设计来说，我自己其实很喜欢，而且我也知道，这种软软的金属表带非常难做，比那种几条链子拼凑的难很多。戴在手腕上，它有极高的柔软度，绝不输于鳄鱼皮带。看盗墓小说看多了，有句话我觉得很好：千万不要低估古人的智慧。有很多老的东西，其实很好用，更实用，更加人体工程学，比如明清家具。说了这么多，“那种金属表带”就是织网表带，IWC（万国）称为米兰式织网表带，因为目前用的品牌少了，所以还具有了一些复古的味道。在新款的柏涛菲诺系列中，有两款可选择搭配织网表带——Portofino Chronograph和Portofino Automatic，尺寸都不是很大，只有42mm和40mm，我觉得女生戴也很好看，那种细腻的表带很有女性的柔美，表壳又大，所谓时尚与古典，就是如此吧。

Portofino Automatic

Ref.3565，不锈钢表壳，直径40mm，厚9.5mm，鳄鱼皮Santoni表带配针扣或者织网表链。Cal.35110自动机芯，25石，摆频每小时28,800次，42小时动力储存。

Portuguese Automatic

18K红金表壳，直径42.3mm、厚14mm，鳄鱼皮表带配红金折叠扣，Cal.51011自动机芯，42石，摆频每小时21,600次，7天动力储存。

Portuguese Grande Complication超卓复杂

铂金表壳，直径45mm、厚16.5mm。Cal.79091自动机芯，75石，657个零件。限量50只。

今年的重点就在于重塑推出了全新的柏涛菲诺系列。下面这三款基本属于“后续表款”，首先是去年红金版的超越复杂表，那只表就老老实实地待在2月期《头等客》的封面上。威武、霸气、够复杂、够分量。今年IWC（万国）推出了铂金版的。我很奇怪为什么铂金表壳搭配白盘，还嫌不够大？铂金黑面才叫冷峻嘛！仔细看表带，虽然没有介绍，但我也能感觉出，那是用铂金丝线缝制的，绝对奢华到了骨子里。

很多品牌都会根据不同市场推出一些特别的限量表，但我知道，很多顶级收藏家不会在乎什么市场不市场的，给钱！你卖不？所以，我们杂志里才会有很多其他媒体没有报道的东西。品牌都出了什么表，我们有义务全盘展示给读者。像这一只7天动力，就是特别限量，不知道会被卖到哪里去，但我特别喜欢那个故意做旧的，好像锈了一样的刻度。甚至我觉得，这是这个系列里最好看的一只了。

骚：这个字在我们的小圈子里已经适用了很久了。这不是贬义，是形容，并且带有正面的意义。骚，绝对不是简单的show off，而是在低调中有不过分的亮色，而那亮色又特别醒目。拿去年IWC（万国）慈善拍卖的那只大飞，配有深蓝色的刻度，就很骚，很漂亮。2011年，IWC（万国）也有这样的设计，图片这只暂无资料的工程师计时表便是，你看，整体都很暗调，就是那星星点点的蓝色刻度将整体变得不同，很骚，或者说骚也是一种show off，但show得比较高级，比较有技术含量。

售后服务中心

城市	地址	联系电话
北京市	崇文区崇文门外大街3号新世界写字楼B座601室	+86/400 1326 968
上海市	淮海中路1325号爱美高大厦5楼501室	+86/400 1326 968

专卖店

城市	地址	联系电话
北京市	朝阳区建国路87号新光天地M1030店铺北京新光天地专卖店	+86/400 1326 968
	朝阳区芳草地北巷2号北京芳草地专卖店	+86/400 1326 968
	西城区金城坊街2号L119北京金融街购物中心专卖店	+86/400 1326 968
上海市	市卢湾区淮海中路804号上海淮海中路专卖店	+86/400 1326 968
	浦东新区世纪大道8号上海国金中心商场L1-15商铺上海IFC专卖店	+86/400 1326 968
	浦东新区张杨路501号上海八佰伴专卖店	+86/400 1326 968

VACHERON CONSTANTIN

Manufacture Horlogère. Genève, depuis 1755.

江詩丹頓

它与近年VACHERON CONSTANTIN（江诗丹顿）颇被推崇的Patrimony外形做表壳，有着硬朗之中带有优雅气度的外表，表盘的中心有一个世界地图。指针相当漂亮，时针是路易十三的样式，叫人感觉到一丝古味。那可不，VACHERON CONSTANTIN（江诗丹顿）1932年就推出了第一款世界时，机芯作者是Louis Cottier。详细解读过PATEK PHILIPPE（百达翡丽）Ref.5130新闻稿的人，可知此君不凡魅力。不过这只世界时可不是短脚蟹，指针极为修长，划过表盘，有着十分大气的荡漾。认真一看，发现表盘地名环密集了许多，原来它居然有37个时区！而一般的世界时，多数都是24个（国际子午线会议以格林威治天文台所在的经度线作为起点，将全球划分为24个时区）。当然，这还不算最多的，1940年代，VACHERON CONSTANTIN（江诗丹顿）还做过显示67个时区的“恐怖分子”。但37个时区，有意义吗？目前时间上有部分国家采用的时间与世界标准时间（UTC）相差半小时或15分钟，以Caracas为例，委内瑞拉于2007年将整时区调整为半时区（GMT-4:30），普通的24个时区，在这个城市将失去指导意义……

不光是时区多，调校上它也有自己的特色。一般的世界时都是多出来一个按钮，这一只不用，表把可拔出两挡，一挡是调节时、分指针，还有一挡就是调节时区——在24小时数字圆盘上选择所需参考的时间，旋转表把调整到位于6时位的黑三角标志上，即可借着指针或24小时表盘读取所需地点的时间。黑色字体显示的城市代表着整点时区，而以红色显示半时区或者四分之一时区。

Patrimony Traditionnelle World Time

Ref.86060/000R-9640，18K 5N红金表壳，直径42.50mm，鳄鱼皮表带配红金折叠扣。Cal.2460 WT自动机芯，日内瓦印记，直径36.60mm、厚8.10mm，27石，摆频每小时28,800次，40小时动力储存。

戴在手腕上，盘面诸多详细的显示所掣肘，表壳口径有42.5mm之谱，以我的身材来说，作为正装表是有些大的，但Patrimony的特点是就算口径大也要薄，所以还是相当服帖舒服的。盘面中心荡漾着多层次的蓝色，也为整体的格调增色不少。问了价钱，我记得是二十七八万元人民币，绝对“值回票价”。功能、设计、机芯（拥有日内瓦印记）、舒适度、克己的价钱，无疑是它被不断传颂的资本。

品牌的logo，极为古朴地待在12时位置，具有一定的立体感。新闻稿上的是黑色立体字，表展的样品表则是深红色，成品如何虽然还是悬念，但我自己肯定喜欢红色多一些，它很别致又醒目。

Patrimony Contemporaine Perpetual Calendar

Ref.43175/000R-9687，18K 5N红金表壳，直径41mm，鳄鱼皮表带配红金折叠扣。Cal.1120 QP自动机芯，日内瓦印记，直径29.60mm、厚4.05mm，36石，摆频每小时19,800次，40小时动力储存。

Patrimony系列在话题之作世界时之外还有一款万年历相当不错。2011年SIHH有没有比较好看的万年历？我就推荐了这只——Patrimony Contemporaine Perpetual Calendar。先说它的机芯，是我最喜欢的超级自动王Cal.1120 QP，这枚机芯我想在《时间·艺术》上已经不只提过10次了吧。它超薄，效率高，数十年来甘当劳动标兵，真不容易。机芯与之前是有些改动的。比如说夹板上的雕刻就与之前不同，另外其实更重要的是擒纵系统中换上了无卡度游丝和砝码式摆轮，在准确调校上较以往定是更胜一筹。万年历，一万年……多么理想的一个词汇啊。直径有41mm，以今天的眼光看，确实不能说它大，虽然大表风潮并没有愈演愈烈下去。盘面的诸多显示，略显集中，各花入各眼吧，玛丽莲·梦露说的好：如果你不能应付我最差的一面，那么你也不值得拥有我最好的一面。

且慢，VACHERON CONSTANTIN（江诗丹顿）就这两把刷子吗？仔细回想，记起曾经看过一本大概翻译为“江诗丹顿之谜”的书，意在披露那些你所不知道的VACHERON CONSTANTIN（江诗丹顿）古董表，里面就有这样一款。我相信那是Historiques Aronde 1954的灵感来源。仔细看，它和PATEK PHILIPPE（百达翡丽）Ref.5100还是有很大的不同，尤其是侧面的表壳曲线有一个大大的V字形状，而不是直接弧度过去的。等于是侧面表壳与表镜有一段三角形的脱节。这一别致造型也增添了不少古味。绝对对得起“Historiques”这个词了。内部搭载的是Cal.1400 AS圆形手动机芯，所以聪明的它没有做通明后盖。戴在手腕上，尺寸也和PATEK PHILIPPE（百达翡丽）Ref.5100差不多——那是相当正装、相当古雅的尺寸，褪去了世俗的喧嚣味。

Historiques Aronde 1954

Ref.81018/000R-9657，18K 5N红金表壳，尺寸31.20mm×44.50mm，鳄鱼皮表带配红金针扣。Cal.1400 AS手动机芯，日内瓦印记，直径20.65mm、厚2.60mm，20石，摆频每小时28,800次，40小时动力储存。

在艺术表方面，VACHERON CONSTANTIN（江诗丹顿）去年推出了一套“岁寒三友”，采用的是传统的莳绘工艺制作。今年再次推出了一套“水中动物”作为序曲。莳绘，意为喷洒的图画，是涂漆技术中最复杂精妙的一种技术，简单而言就是在还没干透的漆（通常是黑漆）上微微撒上一层金粉或银粉，以制造出精美的装饰图案。这项技艺最早源于中国，之后却在日本发扬光大。所以VACHERON CONSTANTIN（江诗丹顿）所制作的莳绘图案，能明显感觉出日本文化特色。今年三款的主题图案分别是：龟与莲花、鲤鱼和瀑布、蛙与八仙花。与去年的“松竹梅”相比更多了一丝趣味和闲情，尤其是把它正面和背面的图案结合起来欣赏，那种悠然自得的情景心中顿生。

Métiers d' Art La Symbolique des Laques

Ref.33222，18K 4N红金或18K白金表壳，直径40mm，鳄鱼皮表带配针扣，莳绘工艺表盘及表背内部装饰。Cal.1003 SQ手动机芯，镂空14K金，直径21.1mm、厚1.64mm，摆频每小时28,800次，30小时动力储存，每年限量20套。

Métiers d'Art Chagall & l'Opéra de Paris

Ref. 86090/000J-9712，18K黄金表壳，直径40mm，可开启式表背，鳄鱼皮表带配18K黄金针扣，高温明火珐琅工艺表盘。Cal.2460 SC自动机芯，直径26.2mm、厚3.6mm，摆频每小时28,800次，40小时动力储存，专为卡尼尔歌剧院限量打造。

这只表尽管它很美，是为庆祝巴黎歌剧院和芭蕾协会成立30周年特别推出，之后又与法国国立工艺与艺术学院举办的第五届Journées des Métiers d'Art活动建立了某些联系，总之，这款表是只针对法国限量推出的。盘面图案取材于马克·夏加尔在卡尼尔歌剧院穹顶上创作的不朽壁画，而壁画的主题就是柴可夫斯基的"天鹅湖"，优雅、浪漫之气可想而知。并且，这件珐琅作品的创作者正是响当当的，创作过无数精品的Anita Porchet，种种这些结合在一起，吸引人自不必说了。

Day-Date and Power-Reserve

Ref.85050，18K 5N红金、铂金或钛金属复合表壳，尺寸41mm×50.50mm，鳄鱼皮表带配折叠扣，另附一条橡胶表带。Cal.2475 SC/1自动机芯，日内瓦印记，直径26.20mm、厚5.70mm，27石，摆频每小时28,800次，40小时动力储存。

Quai de l'Ile诞生并没有多久，这个有超强组合能力以及拥有最多手表附件的“奇想之作”即被大家完全接受了。坦白地说，品牌实力摆在那，何况这表的创意确实精彩。作为手表价值的试炼场——拍卖会上，最可以看出一个品牌或品牌某个系列的软实力，行不行，拍卖场上试试看。**Quai de l'Ile**的成绩还是可以的。

成功是可以继续下探的，今年，**Quai de l'Ile**中继续追加了3个功能款，分别是**Day-Date and Power-Reserve**、**Retrograde Annual Calendar**、**Date Selfwinding**，设计上，取消了之前很高科技的表盘，简洁平实了许多，只有4~5时位的一个由隐形油墨印制的太阳图案作为该系列创新理念的延续，只有在紫光灯下才能显现。表壳材质、表盘颜色都不重要，因为这表本来就没有固定的模式嘛！

Retrograde Annual Calendar

Ref.86040，18K 5N红金、18K白金或者红白间金表壳，尺寸43mm×54mm，鳄鱼皮表带配金制折叠扣，另附一条橡胶表带。Cal.2460 QRA自动机芯，日内瓦印记，直径26.20mm、厚5.40mm，27石，摆频每小时28,800次，40小时动力储存。

三款之中，要我选的话，一定是**Retrograde Annual Calendar**年历，飞返31天日历显示，加上月份，没有星期，但是有月相。机芯解析图上可以看到，在那现代感颇强的摆陀之下，隐藏着还是极为古典主义的机芯，我想这也是**Quai de l'Ile**可以一表风行的原因。图片可见，飞返部分的弹簧全部是由整块钢板切割而成，没有那种廉价的弹簧——当然这也是日内瓦印记的要求。

Date Self-Winding

Ref.86050，18K 5N红金、铂金或钛金属复合表壳，尺寸41mm×50.50mm，鳄鱼皮表带配折叠扣，另附一条橡胶表带。Cal.2460 QH自动机芯，日内瓦印记，直径26.20mm、厚5.70mm，27石，摆频每小时28,800次，40小时动力储存。

专卖店

城市	地址	联系电话
上海	江诗丹顿之家 淮海中路 796 号	+86/021 3395 0800
	静安区南京西路 1117-1127 号铺	+86/021 5228 7881
北京	东城区东长安街 1 号东方广场东方新天地首层 A101	+86/010 8518 9908
	朝阳区建国路 87 号华贸商城新光天地一层 M1032 号	+86/010 5738 2499
大连	中山区人民路 36-38 号 L1-36 店铺	+86/0411 3985 7927
	中山区一德街 10 号	+86/0411 8265 9797
成都	人民东路 61 号仁和春天百货一楼	+86/028 6628 8763
宁波	和义路 2 号和义大道购物中心 1017 铺	+86/0574 8724 7005
沈阳	和平区中华路 68 号	+86/024 2341 1756
深圳	罗湖区宝安南路 1881 号华润君悦酒店	+86/0755 2221 2088
太原	府西街 45 号华宇精品一楼 106 店	+86/0351 3339 553
鞍山	铁东区 219 路 47 号	+86/0412 228 0059
香港	九龙尖沙咀广东道 2 号 A, 1881, 1 楼 103 号店	+852 2301 3811
	九龙尖沙咀海港城海运大厦 2 楼 288 号铺	+852 3188 5117
	铜锣湾波斯富街 99 号利舞台广场地下 C2 室	+852 3579 2538
澳门	凼仔路凼金光大道望德圣母湾大马路四季名店一层	+853 2828 2833

售后服务中心

城市	地址	联系电话
上海	江诗丹顿之家 淮海中路 796 号	+86/021 3395 0800
香港	九龙尖沙咀广东道 2 号 A, 1881, 1 楼 105 号店	+852 2301 4522

去年PATEK PHILIPPE（百达翡丽）推出了自己的首枚手动上链计时机芯Cal. CH 29-535，据说是填补了品牌自产机芯中的最后一项空白，意义非凡。但有些意外的最先搭配到了一款女装腕表内，并取名为Ladies First，像位老牌绅士一般。

既然如此，本篇内我们就先从今年的女表开始。Ladies First常见于我们生活中的很多场景，但是在腕表世界中更属于一个被架空的词汇，很多品牌不过是下一些表面功夫，从未有任何一个品牌像今天的PATEK PHILIPPE（百达翡丽）一样对其表达出了最高级别以及最本位的尊重。Ref.7000R，女装三问，可以算是Ladies First的后续曲目。在另外一本杂志中我曾问，有多少女性能够想象自己买一只表，售价高达300多万人民币，却连一颗最小的钻石都没有？那只是因为，它是PATEK PHILIPPE（百达翡丽）的三问表，世界上最动听的三问表。手表采用将官式表壳（很像贵的恐怖的Ref.5029），乳白色表盘，桃花指针，这些都催生着女性的妩媚形象。机芯没办法含糊，它和男装的单一三问表Ref.5078P用的是同样的机芯Cal.R 27 PS，但Ref.5078P的直径有38mm，而Ref.7000R的口径还不到34mm，机芯充满了整个表壳，从背面看非常充实。有幸在现场我把玩了一下，聆听它的声音，比同场的一只男装三问还要动听，当真是Ladies First（如果阁下知道Ref.3979是何许人也，当知此言非虚也）。

Ref.7000R

18K红金表壳，直径33.7mm，鳄鱼皮表带配针扣。Cal. R 27 PS自动机芯，直径28mm、厚5.05mm，39石，摆频每小时21,600次，342个零件，48小时动力储存。

Ref.7059R

18K红金表壳，直径33.2mm，表圈镶嵌153颗钻石，重约0.72克拉，表底圈镶嵌76颗钻石，重约0.40克拉，鳄鱼皮表带配镶钻针扣（26颗钻石约0.18克拉）。Cal.CHR27-525PS超薄手动机芯，直径27.3mm、厚5.25mm，27石，摆频每小时21,600次，252个零件，48小时动力储存。

如果说有些男性对**Ref.7000R**垂涎的话，尚可不管不顾地买来自戴，但是下面这款，恐怕只能干瞪眼了。同样是重量级别，为**Ref.5959**的女装版本**Ref.7059R**。**Ref.5959**起码是一表两戴，男女都适合的，甚至一开始说的**Ref.7000R**也可以。但**Ref.7059R**则是唯女性所独享。在设计上有一些小改动，长形计时按钮增加了一个护管，同时也装饰了一些钻石，正面表圈双排，透明表背的外圈也有一排。表本身不大，又不是方钻，这些碎钻，加上天下第一的计时机芯，要多少钱呢？人民币将近400万元！谁说钻石就一定是奢华的，在这只表上，它的确只是一点陪衬、装饰。关键还是那颗天下第一的计时机芯。因为它是双追，因为它只有两个按钮，因为它的杠杆曲线、线条优雅得无可挑剔，因为它的打磨更是无比到位，因为摆轮也绝对够大，因为它少得可怜的产量……所以……

Ref.7041R
18K红金表壳，尺寸30mm×33.8mm，表盘镶嵌108颗钻石，重约0.31克拉，鳄鱼皮表带配针扣。Cal.215PS手动机芯，直径21.9mm、厚2.55mm，18石，摆频每小时28,800次，130个零件，44小时动力储存。

Ref.7130G
18K白金表壳，直径36mm，表圈镶嵌62颗钻石，重约0.82克拉，鳄鱼皮表带配镶钻针扣（27颗钻石，重约0.21克拉）。Cal.240HU自动机芯，直径27.5mm、厚3.88mm，33石，摆频每小时21,600次，239个零件，48小时动力储存。

Ref.7180/1J
18K黄金表壳，直径31.4mm。Cal.177SQU超薄镂空雕花手动机芯，直径20.8mm、厚1.77mm，18石，摆频每小时21,600次，110个零件，43小时动力储存。

很多人为老婆找全新的Ref.3878。虽然，这很难，难到到现在他们也没能如愿。

镂空表没什么钻石，它所体现的与Ref.7000R的那种深藏不露的内敛气质不同，它的机芯艺术之美，是体现在表面的。各位已经拥有过Ref.5180的，现在不必费神寻找配对的那只Ref.3878了，现成的就有了。编号Ref.7180/1J，刚好一黄一白，极为登对。可惜Ref.7180/1J是手动超薄机芯，当然也可以理解为这是登对的一部分：一手动，一自动。我特别关注了它的金属表带，可以拆卸，换为皮带款，极为人性化。

将这只表归类为Ladies First，可以理解为是PATEK PHILIPPE（百达翡丽）的第一次——第一只女装世界时表。和停产的男装Ref.5110设计非常像，但口径好像小了1mm（也可能是因为去掉了Ref.5110的表把护肩的原因）。盘面也融入了很中性稳重的巧克力色调。它能否再创之前的女装功能表Ref.4936的辉煌？拭目以待吧！

最后以Ref.7041R作为Ladies First部分的收尾。简单地可以把它理解为那只真正的Ladies First——Ref.7071的简化版，简单的小三针功能，来源于当代手动基础功臣机芯Cal.215 PS。它的外形完全脱胎于Ref.7071，表耳也可以上下活动，用以贴合手腕的弧度，表盘内部装点的钻石，也成为这款手表最醒目的特征之一。我想，如果搭配细腻的绢带可能会更突出它适合女性的柔媚一面。

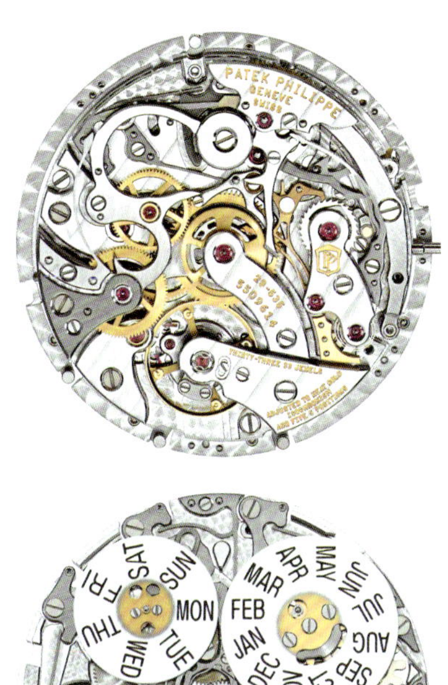

Ref.5270G

18K白金表壳，直径41mm，鳄鱼皮表带配折叠扣。Cal. CH 29-535 PS Q手动机芯，直径32mm、厚7mm，33石，摆频每小时28,800次，456个零件，双发条盒，65小时动力储存。

它实在实在是太美了，我不敢想象，将来它推出铂金黑面的，将是何等风华。与前一代Ref.5970相比，我大概归纳了一下几处大变化：⑴换上了完全自产的机芯，没错，就是以之前让女士们先享用的Cal.CH 29-535为基础制作的Cal.CH 29-535 PS Q，机芯数值上，摆频从之前的18,000变为自产机芯的28,800，当然，这个数据对于爱好家来说只是个数字而已。⑵因为换上了完全自产的机芯，盘面的布局整体下移，30分钟计时盘及小面盘像Ref.5170一样略低于中心水平线，品牌的Logo本来在2、10刻度水平线之上，这次挪到了下面。⑶删除了之前表圈边缘繁复的刻度圈，新版更加简洁明了，视觉上一下清爽舒展不少。⑷没有了繁复的计时刻度圈，小时刻度随之加长，加大（尤其是12时位置的），Logo字母也随之加大，更见大气。⑸很重要的是，新款将闰年和日夜显示从两个小表盘之间解放出来，以Ref.5207的那种窗口方式显示。秒针盘和30分钟计时盘也立刻变得清清爽爽，圆盘的造型也从之前的下陷凹进，改为平面式。⑹表壳口径比之前加大了1mm，厚度却减少了零点几个mm……简而言之，新款的盘面更加简约，某种意义上也更合理，布局清楚，视觉清晰。在现场，我戴在手腕上，久久舍不得摘下，不行，抢瑞士银行吧，这是最快的招了。对了！还有一点要提的是，Ref.5270G的白色表盘搭配深灰色的刻度及指针，这种搭配近年来不是很常见了，怎么看怎么顺眼呢！

Ref.5216R

18K红金表壳，直径39.5mm，鳄鱼皮表带配折叠扣。Cal. R TO 27 PS QR手动机芯，直径28mm、厚8.61mm，C.O.S.C.认证，28石，摆频每小时21,600次，506个零件，48小时动力储存。

Ref.5496P

铂金表壳，直径39.5mm，鳄鱼皮表带配折叠扣。Cal. 324 S QR自动机芯，直径28mm、厚5.25mm，30石，摆频每小时28,800次，361个零件，45小时动力储存，21K金摆陀。

接下来这两只表十分相像，只是这第一只的盘面上少了两行小字，秒针为大三针设计，表壳侧面少了“鲨鱼鳍”。想必大家都明白这点“不起眼”的“缺失”意味着什么，这也使得它的定价比下一只少了一个零（比喻，实际不到10倍）。关于**Ref.5496P**我耳闻已久，相传，它乃是大侠**Ref.5050**再世。**Ref.5050**是谁？以当代**PATEK PHILIPPE**（百达翡丽）万年历来说，早已停产多年的**Ref.5050**为头一把交椅。它的美，在于化繁为简，傲世独立。三窗加逆跳，大三针加月相，一如万年历的标准。**Ref.5496P**是当代96系（继**Ref.5196**手动小三针、**Ref.5296**自动大三针，**Ref.5396**自动年历）的万年历版本。平圈，长表耳，保留了**Ref.5050**的布局和子弹时标，修改了**Ref.5050**的柳叶指针，改成大三角的太妃指针。**Ref.5496P**美是美的，只是，为什么不是黑面……

现在请出之前说“多一个零”的这位，**Ref.5216R**。什么叫低调奢华？就是表壳侧面多个零件，表盘上少两行小字，它的价钱就险些多出一个零，佩戴频率也从日常佩戴，延长为每月来一次（一年一次也行）。与前一款一样的壳形，表盘布局也相似，为什么不叫5869或5996？正如**Ref.5496**是**Ref.5050**的接班人一样，这只实际接的是**Ref.5016**的班。**Ref.5016**，这个霸占了顶级收藏家终极梦想数十年的暴君终于下台了！**Ref.5216R**闪亮登场！盘面布局与**Ref.5016**一样，尺寸略有加大，壳形和指针等与经典的96系或者说和今年的**Ref.5496P**有了呼应。相比之下，我个人观点是前一代精致、隽久、细腻，新一代硬朗、大气、霸道。何况，壳形而已，这一级别的**PATEK PHILIPPE**（百达翡丽）不是每个人都能砸钱拥有，要先做贡献，才有资格申请。进入轮候之后，你是有机会自己做主对设计提出意见，要求一些个性化处理的。

Ref.5073P
铂金表壳，直径42mm，表圈和表耳镶嵌103颗长阶梯形切割钻石约4.33克拉，13颗钻石时标约0.25克拉，鳄鱼皮表带配镶钻折叠扣（42颗长钻，重约0.69克拉）。Cal.R27Q自动机芯，直径28mm、厚6.9mm，39石，摆频每小时21,600次，467个零件，48小时动力储存。

Ref.5033/100P
铂金表壳，尺寸38mm×51mm，表圈和表耳镶嵌92颗长阶梯形切割钻石，重约3.77克拉，10颗钻石时标约0.25克拉，鳄鱼皮表带配镶钻针扣（6颗长钻，重约0.40克拉）。Cal. R 27 PS QA自动机芯，直径31mm、厚7.53mm，44石，摆频每小时21,600次，483个零件，48小时动力储存。

Ref.5961P
铂金表壳，直径40.5mm，表圈镶嵌36颗长阶梯形切割钻石，重约3.48克拉，8颗钻石时标约0.23克拉，鳄鱼皮表带配镶钻折叠扣（22颗长钻，重约0.97克拉）。Cal. CH 28-520 IRM QA 24H自动机芯，直径33mm、厚7.68mm，40石，摆频每小时28,800次，456个零件，55小时动力储存。

Ref.5298P
铂金表壳，直径38mm，表圈镶嵌38颗长阶梯形切割钻石，重约3.37克拉，鳄鱼皮表带配镶钻针扣（6颗长钻，重约0.30克拉）。Cal.324SC自动机芯，直径27mm、厚3.3mm，29石，摆频每小时28,800次，213个零件，45小时动力储存。

PATEK PHILIPPE（百达翡丽）有个特点，那就是有铂金的尽量买铂金的，有铂金镶钻的尽量买铂金镶钻的，如果镶的是方钻，那就尽量买镶方钻的。盖因这几项，皆与数量极罕有关。**Ref.5073P**，就是之前的**Ref.5074**的铂金镶钻版，表壳外圈及表耳皆镶满了方钻，黑亮的表盘，取消了阿拉伯数字刻度，代之的是条钻。

第二款和上一款差不多，为在原有表款上增加钻石的版本，只是镶钻之后型号没改数字，后边加了个/100P的后缀而已。有白色和黑色（黑、灰搭配）面盘两种，之前的楔子形刻度改成了楔子形钻石。

另外还有两款，均符合铂金镶方钻的标准。**Ref.5298P**，也是根据老剧本改编，之前的正装绝版叫**Ref.5118P**，同样是铂金表壳，钻石总重是**2.27**克拉。新款直径改成**38mm**，删除了之前的表耳护肩，而且钻石加大了尺寸。之前的一圈**52**颗方钻才**2.27**克拉，这厢只有**38**颗钻石，总重就达**3.37**克拉！盘面的颜色属于浅浅的赭石色，相比黑色而言，它对衣服的要求低一点，搭配便装一样可以很亮眼。

Ref.5961P，**Ref.5960P**的钻石版本，盘面延续去年的“蓝色妖姬”，不过在6时位的计时圈做了**Ref.5960**有史以来最简单低调的平面单色处理，再无任何凹凸。据说，这是一种十分低调的设计，这是为了不要过分地抢劫了钻石的光华。**PATEK PHILIPPE**（百达翡丽）真是深知自己的收藏家们喜欢什么，这一年居然一次性慷慨地奉献了这么多。

Ref.5550P

铂金表壳，直径37.20mm、厚8.80mm，鳄鱼皮表带配铂金折叠扣。Cal.240 Q Si超薄自动机芯，直径27.50mm、厚3.88mm，25石，摆频每小时21,600次，281个零件，70小时动力储存，22K金迷你摆陀，Spiromax®游丝，Pulsomax®擒纵。限量300只。

它的正面，我相信这是有史以来最美的Ref.5140（Ref.3940）系的万年历。其实说起来也没什么，铂金表壳搭配银色表盘，但豁然加入带荧光的红金柳叶指针，包括子弹时标也是红金的。这一下子全变了，变得那么漂亮，这么出挑！美得让人心碎。再看背面，就像几年前首次采用硅制擒纵系统的Ref.5350表背，擒纵系统位置上的蓝宝石水晶镜制成了放大镜式。但不同的是，这次PATEK PHILIPPE（百达翡丽）在擒纵系统上全线使用的硅材质，包括摆轮、游丝、擒纵叉及擒纵轮。透过放大镜，可以尽情观赏这套高科技的产物，包括那枚令人瞠目的摆轮、从未有过的擒纵轮等。我想，关于这项技术的先进我无需再向读者假意布道，因为这些根本无关紧要，无关宏旨。Ref.5550P定会令人趋之若鹜，绝对一货难求，看到这段文字的99.99999999%都买不到，和高科技无关，只因为它是限量300只的PATEK PHILIPPE（百达翡丽）。

Ref.5208P
铂金表壳，直径42mm，鳄鱼皮表带配折叠扣。Cal. R CH 27 PS QI自动机芯，直径32mm，厚10.35mm，58石，摆频每小时21,600次，701个零件，48小时动力储存。

最后一款，是今年最重量级的**Ref.5208P**。之前大家看到的大作已经不少，但最后这位爷可不得了，目前位列**PATEK PHILIPPE**（百达翡丽）复杂表二当家，复杂程度仅次于双面天王**Ref.5002**，三问、瞬跳万年历、月相加单按钮计时，同时还是自动机芯。贴近表盘的是万年历组件，超薄计时组件位于机芯中层，三问和摆陀位于最下层，也就是我们从表背看到的一面。拜该品牌具有天下最薄之计时机芯及运行最稳定的迷你自动摆陀机芯所赐，这么多的零件积累，它的机芯也不是很厚，表壳整体的厚度为**15.1mm**。它的侧面，也像**Ref.5205**一样，表耳部分是镂空的。巴塞尔期间在顶级收藏圈我就听到了关于它的两种相反的看法，我自己也对此类积累起来的复杂功能并不特别激动。当然，这也是不争的事实，我的财力也激动不起。当然，我不得不说，这位二当家肯定比“大柜”更容易戴。

A. LANGE & SÖHNE

GLASHÜTTE I/SA

德 国 朗 格

德国制表业是经战火摧残最为严重的，第二次世界大战结束时，A. LANGE & SÖHNE（朗格）表厂已经几乎被夷平。而它今天的成就，大部分可以归功于其第四代传人Walter Lange对于家族传统的热爱与执着。1990年，Walter Lange重新注册了A. LANGE & SÖHNE（朗格）公司及商标，之后A. LANGE & SÖHNE（朗格）快速做出了产品定位及设计，在1994年推出了LANGE 1、SAXONIA、TOURBILLON、Pour le Mérite及ARKADE系列，确定旗下品牌招牌似的风格及工艺水平。

如今，A. LANGE & SÖHNE（朗格）还是沿着这几个既定的产品线发展，标有“Pour le Mérite”名号的，可称得上是其制表工艺的极致体现，从1994年至今，这类手表只有区区3枚，内部均采用了芝麻链传动系统。芝麻链，很多品牌都是不愿意做的，工艺繁复，零件数量更是多得惊人，从曾经怀表的体积缩小到手表大小，更要加倍地耗费精力和时间。据A. LANGE & SÖHNE（朗格）的资料显示，仅芝麻链这一个装置，零件数量就达到了600多枚，与一枚集合了多项高复杂功能的机芯零件数量相当。A. LANGE & SÖHNE（朗格）成功将其应用在手表中，至今无人赶超。

今年，A. LANGE & SÖHNE（朗格）推出了第4款“Pour le Mérite”手表，全称为Richard Lange Tourbillon “Pour le Mérite”。芝麻链系统是必须的，机芯夹板还特别在这部分做了镂空处理，从表背可以看个仔细。表盘的设计来源于A. LANGE & SÖHNE（朗格）在创立之初收藏的制表大师Johann Heinrich Seyffert所制作的一只怀表。时、分、秒针呈等边三角形排列于表盘上，各自有独立的刻度环，可称为“规范指针”设计，但又不同于常见的瑞士品牌所制的“规范指针”。左下角的秒针盘是一个大大的镂空窗口，可看到内部的陀飞轮装置，颇具趣味的是，这部分与小时盘之间有一部分重叠的区域，小时刻度8~10时的部分是一个可旋转的字盘，只有在时针指向这一区域的时候才会显现出来，其余时间，则会让您尽情欣赏毫无遮挡的陀飞轮装置。

Lange Zeitwerk Striking Time

18K白金（Ref.145.029）或铂金（Ref.145.025）表壳，直径44.2mm、厚13.8mm，鳄鱼皮表带配金制针扣。Cal.L043.2手动机芯，直径36.0mm、厚10.0mm，78石，528个零件，36小时动力储存。铂金壳限量100只。

Richard Lange Tourbillon “Pour le Mérite”

18K红金（Ref.760.032）或铂金（Ref.760.025）表壳，直径41.9mm、厚12.2mm，鳄鱼皮表带配金制折叠扣。Cal.L072.1手动机芯，直径33.6mm、厚17.6mm，芝麻链传动，32石，摆频每小时21,600次，36小时动力储存。铂金壳限量100只。

Lange Zeitwerk，刚一推出便在日内瓦拿下了一项分量不轻的奖项。我觉得，制作这种以数字盘显示时间的手表，除了需要其显示系统本身的技术外，还需要一些勇气，和对机芯整体素质的信心。因为当我们看指针式手表的时候，很少会看清具体几点和几分，大多只是通过指针的位置判断出一个大致的时间，如果手表有一两分钟的误差，给人的感觉也不会非常明显。但这款手表就不同了，两个大大的视窗清晰地告诉佩戴者当前的时间具体是几分几秒，如果当钟楼的钟声响起，低头看自己的手表还在显示59分，心中是否会稍有不悦？这就要看个人的脾气了。所以，这款手表的走时精度方面，**A. LANGE & SÖHNE**（朗格）也是下足了工夫。今年的新款，**Lange Zeitwerk Striking Time**让我想起了形容才学八斗的一句话：“您出来上联，我就给您对出下联；您能添字，我也能加字。”**A. LANGE & SÖHNE**（朗格）一定可称得上是制表行业中的一大才子，因此这“字”加的也是绝妙。表壳尺寸略有增加，表盘上依然是被称为“猫头鹰”似的设计，在外圈，可以清晰地看到两对音簧及音锤。是三问吗？其实不是，实则是自鸣报刻，每一刻钟都会用一声高音自动报时，整点时则是低音。亲耳闻之，声音悦耳、清脆，佩戴者还可以选择关闭自鸣报时，两个音锤会高高抬起，代表它不会再出声了。有人问我，这功能有什么用？我答：手表本来无用，功能越无用保不齐就越好玩。

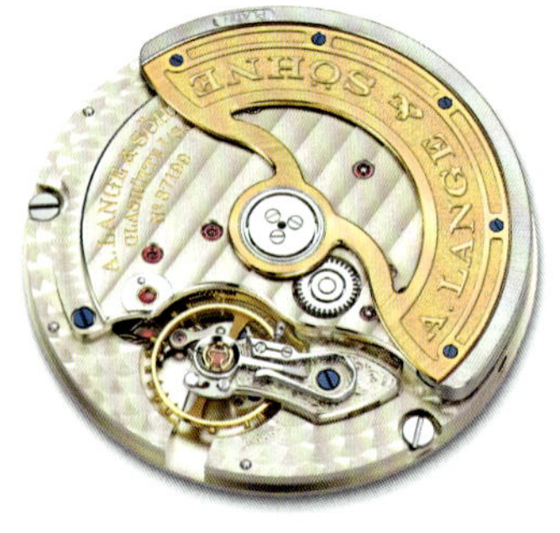

Saxonia Automatic

18K白金（Ref.380.026）或18K红金（Ref.380.032）表壳，直径38.5mm、厚7.8mm，鳄鱼皮表带配金制针扣。Cal.L086.1自动机芯，直径30.4mm、厚3.7mm，31石，209个零件，摆频每小时21,600次，72小时动力储存。

Saxonia

18K黄金（Ref.216.021）、18K白金（Ref.216.026）或18K红金（Ref.216.032）表壳，直径37mm、厚7.7mm，鳄鱼皮表带搭配金制表扣，Cal.L941.1手动机芯，摆频每小时21,600次，45小时动力储存。

接下来这4款手表均出自同一系列——Saxonia，功能略有不同，但每一款都称得上是日常佩戴的绝佳选择。简单来说，这4款表分别是手动、自动、超薄和两地时。如同四君子，表盘设计竭尽简约，即使是在功能最多的两地时手表上也如是，没有一丝一毫的多余设计，这样的表款，是符合A. LANGE & SÖHNE（朗格）本身，以及A. LANGE & SÖHNE（朗格）在众人心目中的形象的。其中，自动款Saxonia Automatic与自动款Saxonia如同一对，18K红金或18K白金表壳，表盘均是小三针设计，12时位为标准的品牌Logo。如果不看背面难道真的没有区别吗？其实还是有个小细节，注意两款手表6时位的时标，自动款的条形时标只有一半左右，小秒盘的位置相应靠下一些，而手动款的时标是完整的，小秒盘的位置也稍靠上一点。另外，在顶级品牌中，小三针的自动手表不敢说绝对没有，至少十分罕见，特别推荐一下。

Saxonia Thin

18K红金（Ref.211.032）表壳，直径40.0mm、厚5.9mm，鳄鱼皮表带配金制针扣。Cal.L093.1手动机芯，直径28mm、厚2.9mm，21石，167个零件，摆频每小时21,600次，72小时动力储存。

Saxonia Dual Time

18K白金（Ref.385.026）或18K红金（Ref.385.032）表壳，直径40.0mm、厚9.1mm，鳄鱼皮表带配金制针扣。Cal.L086.2自动机芯，直径30.4mm、厚4.6mm，31石，268个零件，摆频每小时21,600次，72小时动力储存。

相比之下，Saxonia Thin是4款手表中最为简洁的，不但取消了小秒盘，分钟刻度也省去了。表壳的整体厚度只有5.9mm，薄是肯定的，但因为是手动机芯，或许还算不上超薄，与瑞士其他大牌相比，差距也是明显的。不过话又说回来，不是所有的表款做薄了都会好看，早已深入人心的东西一旦被改变，看起来都会有些怪怪的。这款手表依然是背透，可以看到标准的德国工艺，但是总觉得，正面更加迷人一些。

在所有的手表功能中，要论实用，还是最简单的日历、两地时。对于经常往来世界各地的人来说，一款两地时手表是必不可少的。我没有两地时手表，每次到瑞士或出差到其他国家的时候，只能通过手机+手表的方式实现两地时，听起来很方便，实际还是很痛苦。两地时功能简单，但是做好了却不容易。有一种最为常见的，开一个小窗显示第二时区时间，非得盯住片刻才能看清到底是几点，如果被时、分针挡上，想要看清就更难了。这款Saxonia Dual Time就很好，虽然不是A. LANGE & SÖHNE（朗格）首创，但却是我很喜欢的一种设计。有两根时针，并通过颜色进行区分，搭配一个小巧的24小时盘，能清晰地分辨出第二时区的昼夜，整体一目了然。表盘的设计已经很简洁，不需要两地时的时候，更可以将两根时针重合，手表似乎又变身成为Saxonia Automatic。

BAUME & MERCIER
GENEVE · 1830

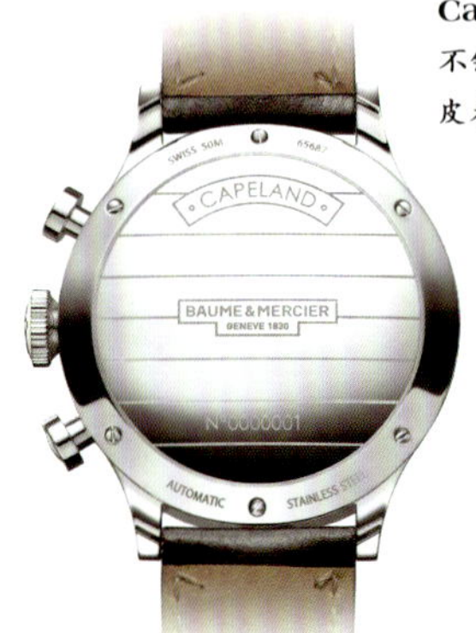

Capeland Chronograph
不锈钢表壳，直径42mm、厚15.1mm，小牛皮表带配折叠扣。Valjoux 7753自动机芯。

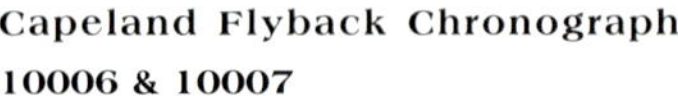

Capeland Flyback Chronograph 10006 & 10007
不锈钢或者18K红金表壳，直径44mm、厚16.5mm，鳄鱼皮表带配针扣。La Joux-Perret 8147-2自动机芯，27石，摆频每小时28,800次，48小时动力储存。

如果对这个品牌留心看的话，就会发现BAUME & MERCIER（名士）是在用心做表。表款的设计中规中矩，不夸张，不做作。机芯有时也会选用“高档的ETA”，这些机芯基本上是其他机芯厂购买ETA机芯改装之后再出售的产品。机芯的品质经过再一次提升，或具有一些独到的功能。

比如Capeland系列中的这款飞返计时，机芯来自于La Joux-Perret，仔细看不难发现，它的底子仍是ETA的Cal.7750。但是从Cal.7750到Cal.7754，没有一款机芯是具备飞返功能的，可想对Cal.7750的升级改造还是蛮大的。这款表的设计非常复古，特别是拱形的表镜以及表盘上测速及测距刻度的样式。只是觉得再小个2mm可能会更好，不能为了大而大，因为机芯就那么大，你看表盘上日历窗口的位置不是很自然的。

这个系列中的另一款同样是复古的设计，复刻了1950年代经典的计时表。各细节的设计都遵循原作，要的就是原汁原味。同时，这款还有多样的盘面颜色可选。白色的干净，黑色的耐看，棕色的古朴，灰色是我最喜欢的，零星的红色刻度装点其中，非常雅气。

Classima 10037

18K红金表壳，直径39mm、厚7.7mm，鳄鱼皮表带配红金针扣。ETA 2892-A2自动机芯。

Classima 10038

不锈钢表壳，直径42mm、厚10.05mm，鳄鱼皮表带配不锈钢折叠扣。Dubois Depraz 14950自动机芯。限量1,000只。

Linea Date & Chronograph

不锈钢或者间金表壳，直径27mm、厚8mm，小牛皮表带配针扣和金属链带。ETA F04.11石英机芯。Linea Chronograph：不锈钢、不锈钢镶钻或者间金表壳，直径32mm、厚10.4mm，小牛皮表带配针扣和金属链带。ETA 251.471石英机芯。

BAUME & MERCIER（名士）今年打造了一组海滨生活的广告，里面的画面、音乐都营造出了惬意、随心的生活方式。我觉得这一页的几款最能体现这种理念。特别是Linea系列，这是BAUME & MERCIER（名士）最畅销的女装表，今年的尺寸略有加大，款式多多，最主要的，表链、表带拆卸更换的方式非常方便，不需要任何工具，瞬间搞定。

另两款来自于Classima系列，一款是简洁的大三针款，盘面似乎更加简洁纯粹了。另一款属于比较深藏不露的，简单的盘面显示却蕴藏着年历功能。8时位的扇形视窗不是第二时区，同时12时的日期显示还是大日历式的。手表内部搭载的是以ETA的Cal.2892为基础，经由Dubois Depraz改装的Cal.14950机芯。

Bell & Ross
柏莱士

Aviation-BR01 Ceramic
陶瓷表壳，直径46mm，100m防水，ETA Cal.2892自动机芯，摆频每小时28,800次，限量500只。

Vintage PW1
不锈钢表壳，直径49mm，30m防水，ETA Cal.6497手动机芯，摆频每小时18,000次。

Vintage WW1
不锈钢表壳，直径45mm，鳄鱼皮表带搭配针扣，50m防水，ETA Cal.2897自动机芯，摆频每小时28,800次。

一向设计前卫的BELL & ROSS（柏莱士），今年开始180°转向，重新拾1920年代军用怀表的设计，推出了古典的Vintage WW1系列。表壳浑圆且硕大，直径达45mm，表耳的造型也直接鲜明地表达出这款表的历史感。与手表同时推出的，还有一款复刻的怀表，不过相比手表来说，这款怀表的推出，象征意义大些。

之前曾经提到，近几年陶瓷材质大热，每年都不断有品牌加入到这个阵营中。今年这里面就有BELL & ROSS（柏莱士）。选择的是品牌最具代表性的BR01，稍有不同的是，这个不是整体的陶瓷表壳，而是内部有一个完整的不锈钢表壳，在外面又套了一个陶瓷外壳，如同航天飞机或火箭在头部覆盖的陶瓷保护层一般。

BR01 Airborne II
黑色PVD不锈钢表壳，直径46mm，皮革和帆布表带，100m防水，ETA Cal.2892自动机芯，摆频每小时28,800次，限量999只。

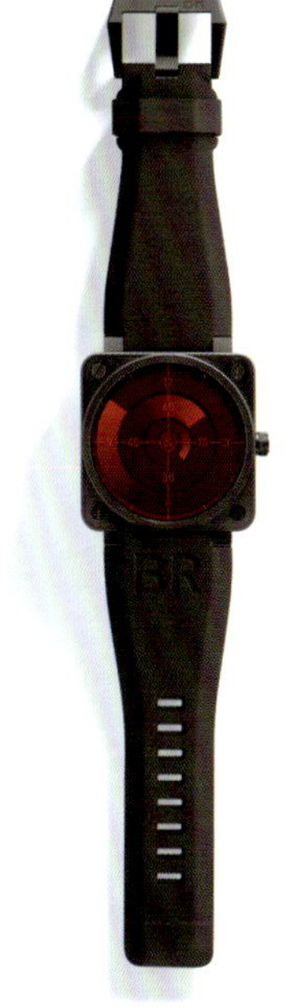

BR01 Red Radar
黑色PVD不锈钢表壳，直径46mm，橡胶和帆布表带，100m防水，ETA Cal.2892自动机芯，摆频每小时28,800次，限量999只。

BRS Heritage
陶瓷或不锈钢表壳，直径39mm，皮革或橡胶表带，50m防水，ETA石英机芯。

使用陶瓷表壳的还有BRS Heritage系列。之前BR Heritage的推出是相当成功的，不但时尚界赞赏，连余宗明也专门写文章推荐。今年的BRS Heritage（还有BRS Steel）的“S”，意味着Smaller、Sleeker、Smarter，就是更加小巧、纤薄、潇洒。表壳直径为39mm，追求时尚的女性们有了福音，这就是个不错的选择。

BR01 Red Radar是去年就有过的款式，不过去年的那款还不够“雷达”，能很清楚看出时间显示的方式。今年的则更加彻底，更加“高科技”一些。红色蓝宝石玻璃上印有十字形刻度，形如雷达的坐标。更有意思的是，表盘上显示时间的3个转碟上印有如同雷达屏幕上一圈圈扫动的光束图案，通过光束开始的位置判断时间。戴在手腕上真的很拉风！

最后一款骷髅与之前CORUM（昆仑）在理念上有些不同，BELL & ROSS（柏莱士）的作品不光是一种创意，据说这种骷髅图案是美国伞兵的护身符，品牌以此来向那些硬汉们致敬。想要彰显军人本色，奢华是要不得的。不锈钢表壳经过做旧处理，搭配同样做旧的表带，好像就是一把步枪。戴这样的表，手里该拿一把strider mt才过瘾。

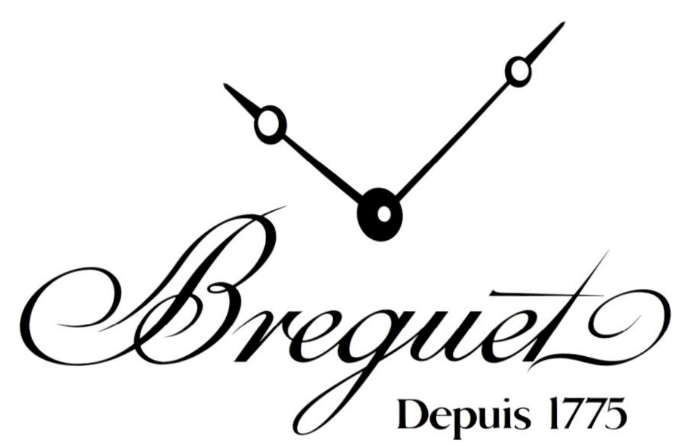

都说宝玑是个传统的品牌，但真要创新起来，你的思维还真要跟得上才行。在推出了10Hz高摆频的Type XXII之后，今年又有令人瞩目的亮点出现，真是收放自如，大师做派。

今年有多款表，都够得上“话题表”的水平，在巴塞尔的媒体介绍会上，每个人都瞪大双眼，竖起双耳，一副争先恐后，生怕错过什么的样子。瞪大双眼，说的就是这款Classique 5717BR Hora Mundi世界时，除了体型以外，整表依然是一副古雅的模样。经典的壳形，不变的玑镂表盘，在中心还有一方世界地图，金属部分为大陆，海洋部分则以蓝色的透明珐琅表现。至于世界时功能，则是这款表的关键。12时位为日历视窗，4时位日夜显示，6时位24时区城市名视窗，剩下的就只有标准的时、分、秒指针。那么如何能显示异地时间呢？奥妙就在于8时位多出的那个表把。这是一个旋转表把加按钮的组合，旋转它可以改变6时位城市名称显示，按下盘面上的时间便立刻跳转到所指示城市的当地时间。怎么？没看清？瞪大双眼再来一次。在最初设定的时候，先用8时位表把选定自己常住地的时区，之后通过3时位表把设定好时间及日期，需要显示异地时间的时候，再用8时位表把选择异地的时区。按下它，表盘上的所有信息，包括日历和日夜显示，都会瞬间跳转，再按一下，一切又恢复如初，好似什么都没发生一样。用起来就像IPAD里的天气预报一样，滑动一下就换城市。传统的世界时，城市名密密麻麻地标满了一圈，要晃着脑袋看，还要仔细比对城市名对应的到底是哪个时间，以我这种眼神，说实话看起来很累。Hora Mundi的先进性，就在于绝对的一目了然，以机械装置实现了如同电子产品的效果。

Classique 5717BR Hora Mundi

Ref.5717BR/US/9ZU，18K红金或铂金表壳，直径44mm，表盘地图有3个版本：美洲大陆、欧洲和非洲大陆以及亚洲和大洋洲。Cal.77F0自动机芯，直径27.1mm，硅擒纵，43石，摆频每小时28,800次，55小时动力储存。

Classique 7800 Réveil Musical

Ref.7800BA/11/9YV，18K黄金或白金表壳，直径48mm、厚16.3mm，Cal.777M自动机芯，直径39.1mm，硅擒纵，55石，摆频每小时28,800次，55小时动力储存。

这一款便是需要竖起耳朵的，**Classique 7800 Réveil Musical**在展会之前便提早发布了，不过到展会现场才得以见其真身。以体型来说，绝对是“庞然大物“，直径达到了48mm。不过既然为音乐盒手表，也很难叫它再小很多。它的音乐装饰是以带销钉的圆盘拨动音簧产生，相比传统的滚筒式可以有效减少机芯的厚度。即便如此，表壳的厚度还是达到了16.3mm，因为对于音乐表来说，表壳还有更重要的任务。看它鼓鼓的表背和上面的音孔，其内部运用到了部分磁性原理，通过磁场扩大并优化音乐盒的声音。手表中有磁性？有点匪夷所思，但人家用的是硅擒纵，不惧磁性，只要能带来益处，欢迎磁性入场。

我听很多人都会说，这表根本没法戴。这是从不买表的媒体的说辞。有能力买这个的，能戴的表是一堆又一堆的，Musical根本不属于日常用表的范畴。更何况表厂还为其配备了专用的表盒，以便更好地欣赏手表的乐声。音乐持续的时间，是20~25秒之间，表盘中间花纹比较迷幻的部分还会随着音乐一同旋转，旋转一圈的时间也是20~25秒，与音乐完全同步。看着表盘，听着音乐，小心不要被催眠了。

Classique 7787BR/8788BR

18K红金表壳，直径39mm（Ref.7787BR）或36mm（Ref.8788BR），或镶嵌钻石装饰，玑镂盘或白色珐琅盘。Cal.591DRL自动机芯，直径25.9mm，硅擒纵，25石，摆频每小时28,800次，38小时动力储存。

Type XXI

Ref. 3810TI/H2/3ZU，钛金属表壳，直径42mm，搭配黑色小牛皮表带，100m防水。Cal.584Q/1自动机芯，直径31mm，45小时动力储存。

要说日常用表，今年也有一款非常美的。大三针、月相、动力储存，这三项集合在BREGUET（宝玑）身上就是大卖特卖的因素。就像之前的7137BA，古雅得不得了。今年这款叫Classique 7787BR，动力储存和月相的排布经过了重新演绎，指针更加修长，盘面有珐琅和玑镂两种，尺寸也有39mm和36mm两种，同时还配有镶钻款式，可以配成对表。如果选择套装的话，表盒内还会为女士配一款月亮形状吊坠项链，男士则是一对袖扣。这对袖扣实在太漂亮了，与手表非常配，虽然袖扣价钱可以在二手市场中淘到一款老的宝玑月相表了，拿来做袖扣有点太奢侈了，单就它的美而言，已经超过了理性范畴，但感性优势也是奢侈品消费的一部分，贵就贵了！

另外，BREGUET（宝玑）在去年推出10赫兹的Type XXII之后，今年重拾1950年代为法国海军制作军表的那段历史，推出了一款风格复古的钛合金款Type XXI，盘面指示方式与10Hz那款不尽相同，采用了中心式分钟计时指针，并搭配了第二时区24小时盘。BREGUET（宝玑）还为此举办了专题展览，让人们看到了它坚韧性感的另一面。

Marine 5839BB

Ref.5839BB/6D/9ZU DDOD，18K白金表壳，直径43mm，共镶嵌186颗钻石，重约11.77克拉，表盘镶嵌132颗钻石，重约0.35克拉。Cal.554.4手动机芯，直径27.1mm，硅擒纵，28石，摆频每小时28,800次，50小时动力储存。

Crazy Flower

Ref.GJE26BB20.8589DB1，18K白金表壳，活动式镶嵌43颗方钻，重约12.56克拉，表盘共镶嵌189颗钻石，重约0.62克拉，Cal.615自动机芯。

珠宝表方面有一男一女两款大作，男款可以称之为富豪陀飞轮，有多富豪呢？单表壳上的钻石总重就达到了近12克拉！除了表壳和表耳，连计时按钮和表把也满满地镶上了钻石。钻石制作还不是最标志性的，钻石的形状也非常特别，表圈上，以梯形钻石和锐角三角形钻石紧密拼接，有点类似于GRAFF（格拉夫）的做法。并且因为钻石形状的特殊，所有钻石都要进行重新切割打磨。GRAFF（格拉夫）的总裁告诉我，这种做法极为浪费钻石，做10克拉的镶嵌，准备15克拉的钻石，不是富豪，又哪能消受得起啊！技术方面，BREGUET（宝玑）是力挺硅擒纵的，应用也是越来越广泛，前面几款表都无一例外。从这款表镂空的陀飞轮部分，同样可以看到那个蓝幽幽的擒纵轮。

另一款女装珠宝表如同去年那朵大“向日葵”的姐妹篇。最为突出的是表壳上的一众大方钻不是固定的，而是一端链接在表壳上，并可以上下小幅活动。去年那款“向日葵”很大，美艳绝伦，现场展示的时候引得一群姑娘围着它大呼小叫。今年这款“小向日葵”现身的时候还好，毕竟姑娘们的心理已经受过一次冲击。内部依然搭配了自动机芯，价格依然不菲，但相比去年的起码显得亲民一些。依然是天女散花似的钻石镶嵌，小小的一团好像一朵蒲公英，似乎一口气就能让钻石们飘向远方。

INSTRUMENTS FOR PROFESSIONALS™

对于很多品牌的表款，如果通过了天文台认证，我们在写的时候都会特别加以注明，但对于BREITLING（百年灵）则没这个必要，因为它的产品已经全线通过天文台的认证。其中的一些石英机芯表款搭配的更是BREITLING（百年灵）专利的超级石英机芯，其精准度更是远超天文台标准。

2010年百年灵推出了首款自产机芯Cal.B01，这枚B字第一号机芯推出后好评无数，相信它能够接下BREITLING（百年灵）一直以来作为专业计时品牌的重任。今年品牌扩大了Cal.B01机芯的应用范围，同时对其进行了小幅升级，推出了Cal.B04机芯。新机芯在原作的基础上增加了第二时区指针，方便经常来往于世界各地的"空中飞人"。

搭载这一机芯的仍然首选Chronomat系列，表盘上一根红色指针醒目地指示出第二地时间，拥有多款表盘颜色可选。表壳尺寸达到了47mm，戴在手上硕大无比，更具备高达500m的防水性能，真是可上九天揽月，可下五洋捉鳖，标准的硬汉装备。

如果是较斯文的人，今年也有可选。最新的Transocean系列例外地走了复古路线，精炼的表壳线条，纯粹的表盘设计，令人耳目一新。Transocean系列最初诞生于航空行业也高速发展的1950—1960年代，对精确度要求极高的航空航天业自然成为了这款表的首要追求。全新的Transocean有计时及大三针两款，其中计时款采用了全新的Cal.B01机芯，更是为这款表加分不少。黑盘不锈钢款，很是耐看！

Navitimer World

不锈钢或者18K红金表壳，直径46mm，黑色、银色或蓝色表盘，皮表带或者Navitimer航空链带。Cal.24自动机芯，25石，摆频每小时28,800次，42小时动力储存。

Transocean（越洋系列）1958复刻

18K红金或者不锈钢表壳，直径43mm。Cal.10自动机芯，21石，摆频每小时28,800次，42小时动力储存。红金款限量200只。

Transocean Chronograph（越洋计时）

18K红金或者不锈钢表壳，直径43mm，Barenia牛皮表带或鳄鱼皮表带，Ocean Classic海洋经典不锈钢表链（限不锈钢款式）。Cal.01自动机芯，47石，摆频每小时28,800次，70小时动力储存。

Navitimer 01

不锈钢或者18K红金表壳，直径43mm，黑色或银色表盘。Cal.01自动机芯，47石，摆频每小时28,800次，70小时动力储存。

Chronospace Automatic（太空自动计时）

不锈钢表壳，直径46mm，有火山黑、云层银、钨金灰、深枪蓝4种颜色的表盘，有皮革表带、两种橡胶表带，和航空经典不锈钢编织链带可选。200m防水。Cal.23自动机芯，25石，摆频每小时28,800次，42小时动力储存。

一直被誉为航空计时表之典范的Navitimer系列今年搭载上了全新的Cal. B01引擎，表盘上的双翼logo也升级为18K金的金字招牌。硕大的锯齿状表圈，功能繁多的航空滑齿，相信很多人认识BREITLING（百年灵）都是从这一款开始，搭载进自家机芯之后，这款表从里到外成为了品牌的旗舰作品。

飞得更高些，则需要更强劲的装备。这款体型硕大的Chronospace Automatic（太空自动计时）具有更加突出的锯齿状外圈，戴上几层手套相信都能操作自如。大型的夜光刻度加上粗壮的夜光指针，霸气、醒目，可以想象它在夜间将会多么夺目。

Bentley GT Ice
不锈钢表壳，直径44.8mm，冰白色表盘和橡胶表带。Cal.13B自动机芯，25石，摆频每小时28,800次。

Bentley Barnato & Barnato Racing
18K红金或者不锈钢表壳，直径49mm。Cal.25B自动机芯，38石，摆频每小时28,800次。两款表的红金款都是限量500只。

BREITLING（百年灵）与**BENTLEY**的双B组合，可能是这些年来合作最长久最成功的跨界之作。**BREITLING**（百年灵）也精心为这个系列奉献了多款精彩的表款。今年有款纯美的白色系计时表，灵感来源于**BENTLEY**白色版的**Continental GT**跑车，尽管它的尺寸不小，达44.8mm，但我相信仍然会有女人爱上它。

在勒芒24小时耐力赛中，如果你发现一辆墨绿色的“大怪兽”，那必是**BENTLEY**的赛车无疑。1928—1930年，作为盛极一时的宾利男孩的成员Woolf Barnato统治了那三年的勒芒，而且是百分之百夺冠率，因为他就参加了那三届比赛。今年的这两只Barnato表就是这个来意，体型也称得上是怪兽级的，达49mm（相比之下，我把刚才那只44.8mm的GT Ice定义为女表看来并不过分）。机芯中的摆陀做成了赛车轮圈的造型，转起来如同赛道上飞奔的车轮。而Barnato Racing这一只的三个子表盘把指针做成了赛车方向盘的造型，配上30秒一圈的计时大秒针，操作起来很有竞速之感。

BVLGARI
宝 格 丽

不知道大家有没有看炒得火热的《变形金刚3》，其中有这样一个情节，一个狂派小机器人变身成了一只手表，绑在Sam的手腕上，窃取人类的情报，同时还能控制Sam的身体。那只表正是BVLGARI（宝格丽）的Diagono系列，为2010年推出的X-Pro，其前卫的造型与这部电影还真是相得益彰呢！这个系列今年继续有新款推出，走的是比较实际的路线，不是一味地做大，而是继续在细节上仔细推敲，精细化表款。侧面看，表壳的线条清晰硬朗，表把与计时按钮处配有一个一体化的护肩。抛光处理的表圈上，双B字样有所减小，增强精致的感觉。盘面最大的变化莫过于改变了日历的位置，从原本的6时位转移到了4~5时位。双层的设计也使盘面具有很好的立体感。这个系列中，今年共有两款推出，一款全不锈钢表壳配链带，一款间红金表壳配皮带，表壳尺寸为42mm，几乎所有人都能戴得起来，又不会被潮流人士嫌小。

另一款则又是白色系的，只是在表圈上镶嵌了一圈紫水晶，表盘上也有钻石装点的刻度。这下尽管表壳还是不算小，为40mm，但却是一款实打实的女装表了。水晶自然比钻石便宜许多，再加上时尚的外表还有BVLGARI（宝格丽）响当当的大招盘，成为时尚靓女的好选择！

Diagono Calibro 303

不锈钢或不锈钢间红金表壳，直径42mm、厚11.90mm，鳄鱼皮表带或者不锈钢链带，100m防水。Cal.303自动机芯（基于FP1185），直径26.20mm、厚5.50mm，37石，摆频每小时21,600次，40小时动力储存。

Diagono 40 Chrono

不锈钢表壳，直径40mm、厚12.25mm，白色橡胶表圈和表带配不锈钢针扣，表圈镶嵌43颗紫水晶，重约5.2克拉。Cal.B130自动机芯，37石，42小时动力储存。限量500只。

Endurer All Blacks

DLC处理不锈钢表壳，直径56.51mm、厚14.10mm，100m防水。Cal.1306自动机芯，摆频每小时28,800次，45小时动力储存。

Octo Chrono 4retro

不锈钢表壳，直径45mm，陶瓷表圈，景泰蓝工艺表圈，鳄鱼皮表带，100m防水。Cal.GG7780自动机芯，45石，摆频每小时21,600次，38小时动力储存。

在巴塞尔表展中，BVLGARI（宝格丽）的所在称得上是一座展馆，展示厅、餐厅、宴会厅一应俱全，所到宾客都不由自主地融入到品牌所塑造的意境中。今年到过BVLGARI（宝格丽）展馆的，一定会对这个脸谱有很深的印象。它名为Koru（银厥），是新西兰毛利人的图腾，象征着成长、力量、生命、和平。表款的名称很有迷惑性——All Blacks，乍一看很容易认为是全黑的意思，但Black加个S又觉得很奇怪。其实它是新西兰国家橄榄球队的名字。这款表的形、色都与这支球队相契合，即在展示该传统劲旅的精神魅力。

下一款的外形同样劲酷，记得这个款式出处的人一定都知道，回跳式指针是它的灵魂和精髓。Octo Chrono 4retro就是四针回跳显示：左右是30分钟和12小时计时，6时位是日历回跳，再加上分钟回跳显示。因为表壳设计的原因，它的计时按钮一向显得比较隐蔽，但操作起来还是灵敏的。表圈采用了亚光陶瓷材质，催生它的威武气度。

Bvlgari Bvlgari Reserve De Marche
18K红金表壳，直径43mm、厚8.7mm，鳄鱼皮表带配折叠扣。Cal.BVL131手动机芯，21石，72小时动力储存。

Serpenti手镯表

还是要说下**BVLGARI**（宝格丽）的展馆。去年展馆的主题是伊甸园，到处可见被涂成白色的苹果树，为的是衬托Serpenti系列的复出。Serpenti系列可以说是真正的**BVLGARI**（宝格丽）精髓所在，是经过历史沉淀的佳作。今年的新款，有一种多达7环的款式，那种夸张程度，有点埃及艳后的意思。或者说一定要够媚，或者打扮得够媚的女人才戴得起来。穿职业装戴这款表的效果实在难以想像。相比之下，还有三圈或一圈半的款式，比较适合日常佩戴了。

最后是一款非常典雅的正装表。搭配全新的43mm表壳，全新的窄表圈和字体，透明表背。而且这个新款还是搭配的手动机芯！有什么不同吗？常读《名表论坛》杂志的朋友都知道，这个世界上，大三针加手动机芯的表是少之又少的。它是大三针的形制，而且还有个动力储存显示，整体很有艺术性的设计感。

Patravi EvoTec Calendar

不锈钢表壳，直径42.6mm、厚13.05mm，小牛皮表带配不锈钢折叠扣。Cal.CFB A1004自动机芯，直径32mm、厚6.9mm，33石，55小时动力储存。另有18K红金款。

2008年CARL F.BUCHERER（宝齐莱）推出了首款自产机芯Cal.CFB A1000，使用了边缘摆陀，专利的快慢针锁定机构等。这个机芯我曾经在评论DEWITT（迪菲伦）自动陀飞轮的时候详细地写过，很优异的机芯。推出之后，靠山吃山，采用这个机芯的新款基本每年都会有，功能一点点地增加、变化着。今年则是周历显示，欧洲比较常用。相比以前，我比较喜欢这种圆形的表壳，拉丝与抛光的边角为手表增添了不少细节魅力，而整体又不失硬朗的气质。

Manero ChronoPerpetual

18K红金表壳，直径42.5mm、厚14.3mm，鳄鱼皮表带配红金针扣。Cal.CFB 1904自动机芯，直径30mm、厚7.6mm，49石，50小时动力储存。限量100只。不锈钢款限量150只。

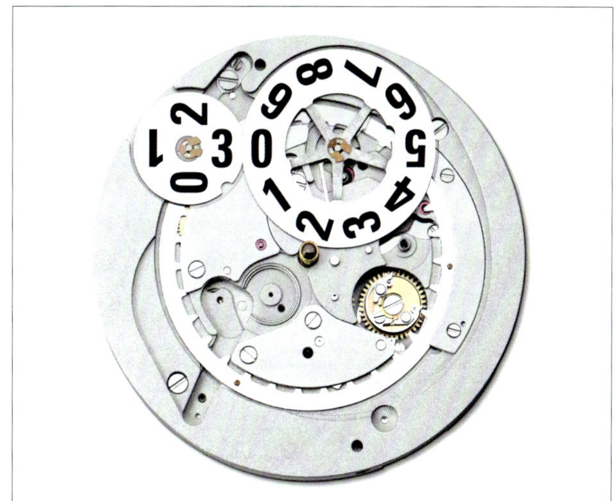

Patravi EvoTec BigDate

18K红金或不锈钢表壳，尺寸38.54mm×39.25mm，厚12.9mm，鳄鱼皮、小牛皮或水蛇皮表带，50m防水。Cal.CFB A1003自动机芯，直径32mm，厚6.3mm，33石，55小时动力储存。

在方形的Patravi系列中，今年推出专为女性设计的表款，表壳比男装略小，但通过一些细节处理使腕表具有鲜明的女性特质。女性也可以享有CARL F.BUCHERER（宝齐莱）的这款独创机芯了。

最后这款计时万年历应该算是CARL F.BUCHERER（宝齐莱）最复杂的表款了。就功能而言，确实复杂。首先是机芯本身，但更难的是通过机芯的设计，实现一种平衡舒适的盘面布局。CARL F.BUCHERER（宝齐莱）这一款，表壳做得很漂亮，事实上我感觉CARL F.BUCHERER（宝齐莱）在表壳和链带的处理上也都值得称赞，很细腻，很有质感。但这款表的盘面我不是那么苟同。当代计时万年历之上品，多出自于PATEK PHILIPPE（百达翡丽），比如今年最新的Ref.5270，部分原因也在于盘面设计，加入视窗显示，功能再多也清晰可辨。而该款全部使用指针协调指示，虽然该有的都有了，但是视觉上有些乱。当然你也可以将这种乱理解为“精密”。

CHANEL

巴塞尔展会之前，CHANEL（香奈儿）便在巴黎率先发布了全新的J12 Chromatic。永远的J12，不同的是它的材质——高科技钛陶瓷。如果您是从这本年鉴的第一个品牌按顺序一路翻到这里的话，一定会对这种材质有种似曾相识的感觉。提示一下，之前说过的那个材质是在陶瓷中加入了钛化钛及金属合金。两者的思路可以说是一样的，即通过添加钛金属以及其他合金强化陶瓷的物理性能。虽有相似，但相同的材质在不同的品牌手中是可以变化出不同的风采与气质的。

CHANEL（香奈儿）的新闻资料一向言简意赅，没有过分的描写、形容文字，对于这种领先于行业的创新材质，只有两句话形容："此种新材质具有高度防磨损和防刮伤的特性，硬度仅次于蓝宝石。其色彩以及独特的光泽来自于高科技精密钛陶瓷和钻石粉抛光技术的结合。"在预约看表的时间还没到之前，好奇心驱使想提前去看看这种材质的真容。在加入钛金属后，这种材质呈现出一种比不锈钢略深的灰色，有种似陶瓷而非陶瓷，似金属而非金属的感觉。再加上展窗内的灯光忽明忽暗，如同在梦境一般，挑拨人的心弦，感觉再怎么努力也看不真切。就是这种特殊色泽，再加上J12特有的外形，如果有人戴在腕上，就算是10m开外，我想也有可能一眼辨出。

J12 Chromatic巴黎发布，翻开J12历史的新篇章

CHANEL（香奈儿）的机芯包含了瑞士拉夏德芳制表厂的专业技术

J12 Chromatic展示厅

中间的大厅分隔为12间房间，代表J12的起点

通向探索J12 Chromatic的走廊

在高亮度的陶瓷表面，光线被赋予了无穷变化

J12 Chromatic

高科技钛陶瓷表壳，200m防水。33mm款为石英机芯，38mm和41mm搭载自动机芯，42小时动力储存。33mm和38mm有镶嵌圆钻和条钻的版本可选。38mm长钻版表圈镶钻34颗，重约2.5克拉、表盘镶钻0.4克拉、表把镶一颗钻0.15克拉；38mm圆钻版表圈镶钻54颗，重约1.4克拉、表盘镶钻；33mm长钻版表圈镶钻34颗，重约2克拉、表盘镶钻重0.26克拉、表把镶一颗钻重0.1克拉；33mm圆钻版表圈镶钻53颗，重约0.96克拉、表盘镶钻。

在J12 Chromatic推出之前，J12的颜色都很绝对，非黑即白。似乎不太像这个世界本身。我曾经也见过男人戴白色的J12，想必大家都懂的，那是怎样一类人，手里拎着包，走路一跳一跳的……我无意框定以某种眼光看待一类人群，每个人都有选择自己风格的权利。

而灰色是一种中和的色调，是从白色过渡到黑色的一种中间色，很像我们所讲究的中庸。新推出的J12 Chromatic共有三款：常规款、镶圆钻款及镶方钻款，每款都有不同的尺寸可选。我想每一款都是男女通吃的，它不甚招摇，但因材质本身所以又显得很现代，很有自己的理念和风格。如前文所说，这种灰色是在陶瓷中添加了钛金属的结果，表盘也与其相呼应，突出了这种中性之中带有硬朗的气质，盘面的中心部分采用拉丝效果，与周围的圆环条纹形成对比。尤其是**41mm**的版本，很有点强健肌肉的色调。

J12 29mm Baguette-Cut Diamonds
18K白金表壳，直径29mm，黑色高科技精密陶瓷搭配长阶梯形切割钻石表盘，共镶嵌744颗长阶梯形切割钻石（22.32克拉）及12颗黑色陶瓷时标，表把镶嵌1颗圆钻和12颗方钻。石英机芯。限量制作。

J12 Haute Joaillerie Chronographe
18K白金搭配黑色高科技精密陶瓷表壳，直径41mm，共镶嵌561颗约34克拉长阶梯形切割钻石，旋入式按钮及表把镶嵌0.25克拉明亮式切割钻石。自动机芯，COSC认证。限量12只。

J12 29mm Diamonds
18K白金表壳，直径29mm，黑色高科技精密陶瓷搭配钻石表盘，共镶嵌1,018 颗圆钻及12颗黑色钻石时标（共约11.9克拉），表把镶嵌12颗圆钻及蛋面切割缟玛瑙。石英机芯。限量制作。

这一页都是珠宝版本，钻石多到晃眼。我一直认为这种高珠宝表乃是奢侈品中的奢侈品，原因一是在于钻石本身，二是在于耗时的工艺以及苛刻的甄选标准。第一款为镶嵌方钻的计时表款，想一想这种组合，其实时计的意义是落后于珠宝的。它所体现出来的特质，是竭尽奢华的一种注脚。

曾经有一对表印象很深，相同的款式，一款是没有钻石的红金表壳，一款在外圈上镶嵌了一圈梯形钻石。二者相差的价格十分有趣——没有钻石镶嵌的价格的万位和十万位调换，即是镶嵌钻石款式的价格（实际价格相差了50余万人民币）。我相信手表的定价不是品牌拍脑袋想出来的，其中应该是有原因的，所以，我一直不敢轻视这种以轨道式镶嵌梯形钻的表款，那价格说出来一定是比较吓人的。

CHANEL（香奈儿）接下来这一对高珠宝表就有意思了，可以看做是圆钻与梯形钻的PK。两只表款式相同，表壳口径相同，被钻石占据的面积也几乎一样，不同的只是圆钻与梯形钻的区别。钻石的总克拉数分别是11.9克拉和22.32克拉，就是说相同的面积，如果镶嵌梯形钻石的话，可以多出一倍，而价格却不只一倍，印象中是差了一位数。

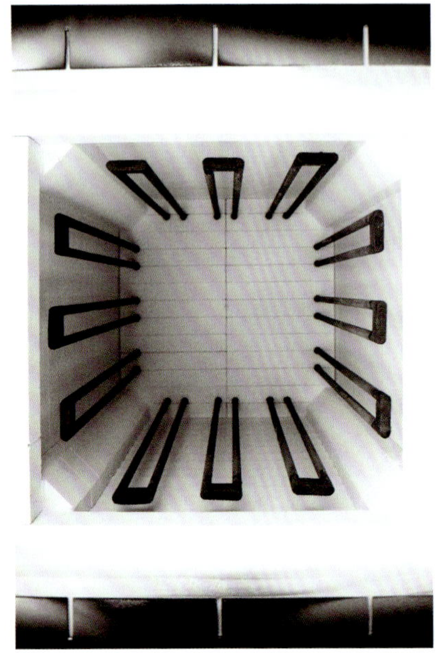

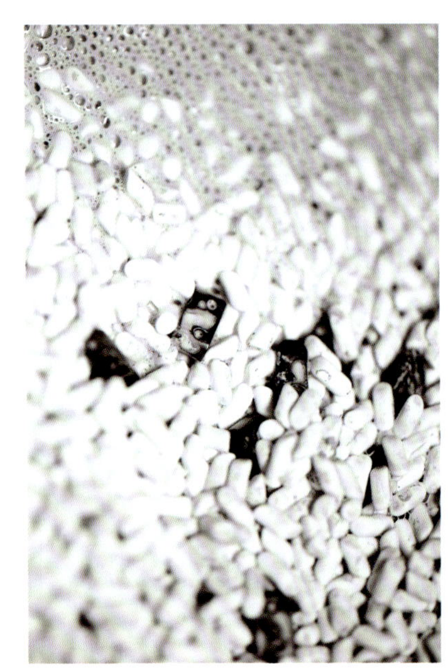

如果说J12是CHANEL（香奈儿）的支柱，那么陶瓷就是CHANEL（香奈儿）的灵魂。品牌的工厂内，具有完善的技术及装备制作真正高品质的高科技陶瓷，本页图片所展示的，是CHANEL（香奈儿）在制作陶瓷时的几个重要步骤。

⑴这种粗沙粒般的材料，就是烧制陶瓷的原材料。

⑵将原料压模之后，放入这个精密的陶瓷熔炉，以超过1000℃的高温进行烧制。

⑶刚刚烧制完成的陶瓷链节，还需两道抛光程序才能呈现出闪耀的光泽。

⑷以专用工具固定排列陶瓷部件，进行第一道抛光工序。

⑸由于此时的陶瓷部件硬度很高，在第二道抛光工序中使用的乃是不规则形状的陶瓷颗粒。

⑹抛光完成的陶瓷部件已经具有永不褪去的光泽，它被整齐地排列于定位板上，准备开始组装。

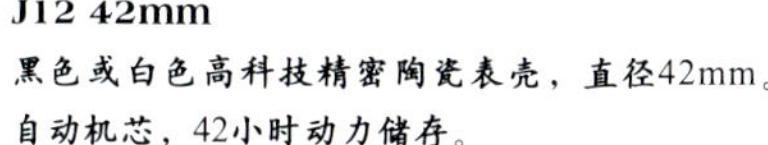
J12 42mm
黑色或白色高科技精密陶瓷表壳，直径42mm。
自动机芯，42小时动力储存。

Première Triple Row
不锈钢表壳镶嵌52颗总重达0.26克拉的明亮式切割钻石。不锈钢和陶瓷表链。

用一句比较新潮的话评论J12，就是：一直被模仿，从未被超越。今年J12的大三针基本款造型依旧，但是表壳口径加大到了42mm，威武许多，要知道之前最大也就是38mm。这里说的大三针基本款，也是最好卖的款式，黑白都有！

下一款相信大家也非常熟悉，八角形的表壳来源于巴黎旺多姆广场的设计。巴黎的景点很多，应了那句话：巴黎到处都是景。所以旺多姆广场就显得不那么引人注意了。但是熟悉钟表或奢侈品的一定都知道，这里是很多大牌的发源地，如今也是买奢侈品的首选地。我很喜欢称旺多姆广场是巴黎的珠宝盒，围绕在广场四周的名店就像是珠宝盒上的一圈钻石。似乎与这款表的设计有些不谋而合呢！今年的新款加长了表链，能绕在手上三圈吧！

J12 Calibre 3125 Sandblasted

18K黄金表壳搭配黑色经喷砂处理精密陶瓷，直径42mm。Cal.AP3125自动机芯，60小时动力储存。

据我的记忆，J12 Calibre 3125之前推出过陶瓷配红金的，也推出过鳄鱼皮表带的。今年的款式，虽然也是陶瓷表壳，不过已经很不同，它不像之前的那种明晃晃的了。我不是说抛光的不好，而是以我这种类型的人来说根本没法戴，因为咱不是明星，穿着也十分的朴素，假设戴那样一只明晃晃的表现身街头，一定会被当成疯子。可是Cal.3125这枚机芯又很吸引人，源自AUDEMARS PIGUET（爱彼）的名作Cal.3120。CHANEL（香奈儿）对它的改装也是恰到好处，品牌特征一下子显露出来了。

亚光的陶瓷，好多了。说是陶瓷，我是有些不服气的。陶瓷会是这样的手感吗？那软绵绵的很称手的表带，摸在手里像缎子一般舒服，或者高科技一点，好似橡胶。并且，它还"陶瓷"的这么彻底，表圈、表壳、表带是喷砂陶瓷也就罢了，连表盘也是！如果要我从J12里选一款自己戴的话，这一只，将是毫无悬念的不二选择。

这一页是珠宝组合，CHANEL（香奈儿）不是第一次做珠宝，一直都有，但请相信我不是为了凑页数才放上这一页，而是因为今年的珠宝出奇的漂亮。这一系列名为Plumes De Chanel，意为香奈儿的羽毛，它的推出，还是有一段小背景的。

据说，1910年香奈儿女士首次登上杂志封面的时候，头上戴了一顶多彩羽毛装饰的礼帽。从那时起，羽毛便在CHANEL（香奈儿）的世界中随处可见，从服装到布料花色，都能见到用羽毛或羽毛图案营造的视觉效果。1932年，香奈儿女士以羽毛为主题打造了一款胸针。今年这一系列的珠宝，则是CHANEL（香奈儿）首次重新诠释1932年的那款胸针，并幻化出30多款设计，其中有胸针、项链、手镯、耳环、手表等。用坚硬的宝石与金属，塑造出羽毛轻柔的姿态，这一鲜明的对比正是这一系列珠宝最大魅力的所在。我像个姑娘似的在其中挑了又挑，选了又选，最终挑出这几款为CHANEL（香奈儿）部分收尾。

CHAUMET
PARIS

自从苏菲·玛索成为CHAUMET（尚美）全球代言人之后，每当看到这个品牌，都感觉它如公主一般，苏菲·玛索为其拍摄的其中一组照片更是如同千百个故事中，站在城堡窗前的那位公主的完美形象（请原谅我这懵懂少年般的情结）。而在CHAUMET（尚美）的历史中，它的创建也是伴随着拿破仑王朝的辉煌，一度是法国以及英国王室钦点的珠宝商，当时的这些皇室珠宝，在今天的卢浮宫内仍然可以看到。相比同样具有法国皇家血统的CARTIER（卡地亚）来说，CHAUMET（尚美）的感觉是华丽，而不是华贵，似乎带有一些少女般的青涩和浪漫。

比如它的腕表中，有一个系列名为“Attrape moi…si tu m'aimes”，这句法语翻译过来就是：抓住我……如果你爱我。如同情窦初开时对爱情的渴望。表款的设计也非常可爱，珍珠贝母表盘上有一只张着翅膀的蜜蜂，寓意爱情里的诱惑游戏。蜜蜂这个元素，则是源于拿破仑一世曾经将其作为权利符号。拿破仑对蜜蜂的看法和现在已经是天上地下两种含义了。

另一款似乎可以成为“抓住我……如果你爱我”的下一句。名叫“Bee My Love”，念出来的话也可以是“Be My Love”。六边形的蜂巢图案充斥在表壳、表盘以及表带上，并使用不同色泽的宝石装点，适合清秀的女孩佩戴。

Attrape moi··· si tu m'aimes

18K白金或红金表壳，直径35mm，镶嵌42颗钻石，总重约1.86克拉，白色珍珠贝母表盘上有蜜蜂图案，或辅以钻石装饰，绢制表带搭配针式表扣，自动机芯。

Bee My Love

18K黄金表壳，直径19mm，黑色绢制表带搭配18K黄金镶钻针扣，整表共镶嵌49颗钻石，重1.06克拉，4颗黄水晶以及2颗橘黄色水晶，Cal.ETA E01.701石英机芯。另有限量仅1只的18K白金款式。

Joséphine

18K红金表壳，尺寸39.5mm×17.5mm，表壳共镶嵌88颗钻石，总重约0.88克拉，灰色绢制表带，18K红金表扣镶嵌32颗钻石，总重约0.12克拉，石英机芯。另有限量16只的18K白金款，表壳、表扣镶嵌钻石总数为122颗，总重约1.35克拉。

Joséphine Tiara

18K白金表壳，直径35mm，表壳共镶嵌102颗钻石，总重约3.19克拉，表盘上装饰有皇冠造型，共镶嵌146颗钻石，总重约0.32克拉，灰色绢制表带，18K白金表扣镶嵌63颗钻石，总重约0.21克拉，自动机芯。

Joséphine Tiara限量版

18K白金表壳，直径35mm，表壳共镶嵌155颗钻石，总重约3.64克拉，皇冠装饰镶嵌81颗钻石，总重约1克拉，灰色绢制表带，18K白金表扣镶嵌63颗钻石，总重约0.21克拉，Cal.ETA 2000-1H3自动机芯，摆频每小时28,800次，限量12只。

这页的三款则比较适合成熟女性，其名字也是以约瑟芬皇后命名。历史中记载她是CHAUMET（尚美）第一位尊贵客人。一顶华丽的皇冠，这是其中最为奢华的一款，一个皇冠装饰固定于表壳上方，只限量12只。另一款的皇冠则位于表壳，其设计来源于当时宫廷服饰中的一种名为Cherusque的装饰风格。最后一款造型特别的如同水晶灯上的吊坠，表盘上的数字12代表了CHAUMET（尚美）位于巴黎旺多姆广场总店的地址。

Dandy Arty Edition "Open Face"
18K红金或不锈钢表壳，直径40mm，蓝色条纹装饰黑色皮带搭配折叠扣，偏心表盘搭配"缩进轮"秒钟显示，Cal.CP 12V-V自动机芯，42小时动力储存。

Dandy Chronograph
铂金表壳，直径40mm，鳄鱼皮纹饰黑色皮带搭配铂金折叠扣，18K白金表盘及指针，蓝色珐琅装饰，Cal.CP12V-IV自动机芯，基于El Primero 4002，摆频每小时36,000次，50小时动力储存，限量12只。

最后这两款是送给王子的，这个系列的表款名为Dandy，花花公子。我想这与中国人理解的花花公子有很大不同，Dandy可以理解为是风流倜傥的帅哥，而帅哥，哪个女孩不爱呢。

这两款表都用到了品牌的代表色——蓝色，其中一款为庆祝CHAUMET（尚美）200周年的限量款，更是采用蓝色的珐琅表盘，不规则的长方形布满表盘，与品牌专卖店墙面的装饰风格相同。其机芯也不含糊，采用了ZENITH（真力时）El Primero高振频计时机芯。

表盘比表壳小很多，嵌在表壳中间的设计也是CHAUMET（尚美）常用的设计，比如这款Dandy Arty，正面表盘之外的地方同样覆盖了深邃的蓝色。其机芯也是别具特色，右侧的时、分盘将机芯基板直接作为表盘，右侧的蓝色镂空齿轮则是尺寸不断运转的标准轮，CHAUMET（尚美）称其为"缩进轮"，机芯为品牌专门定制的款式。

Chopard

L.U.C Chrono One

18K红金表壳，直径44mm，厚14.06mm，鳄鱼皮表带配红金折叠扣。100m防水。Cal. L.U.C 11CF自动机芯，直径28.80mm、厚7.60mm，COSC认证，45石，摆频每小时28,800次，60小时动力储存。

说起CHOPARD（萧邦），你第一个会想到什么？对于女士们来说可能是他们的珠宝或者Happy Diamonds，而对于男士们来说，想必是L.U.C。2000年，CHOPARD（萧邦）推出了首款L.U.C机芯，以品牌创始人姓名的缩写命名，表达出品牌一直以来对于血脉延续以及品牌传统的坚持，其中所凝聚的心血，是可想而知的。今年，CHOPARD（萧邦）对L.U.C系列表款的各个细节进行了进一步规划和设计，包括表壳、指针、刻度等，表盘logo的前面也赫然加上了"L.U."，成为一个完整的名字，以强调它们第显赫的出身。

今年的L.U.C中，这款Chrono One显得格外突出，以自动计时机芯来说，凭良心，其先进性在全世界排名相当靠前，比起其他大牌来说毫不逊色，甚至有赶超之势。除了计时具有飞返功能之外，小秒针也具有停止归零功能，拔出表冠的同时，小秒针会自动归零并停止，十足的精准时计气质。翻看后边，机芯四周的表壳部分还是向中心倾斜的，形如一个盘子，将机芯盛在其中。使机芯的展示效果变得立体了许多。蓝宝石表背还做成了dome的造型，表壳厚度达到了14.06mm这么夸张，再加上44mm的直径，对于这样一款表来说，未免大了些。欣赏机芯的人恐怕不会欣赏它的外观，但是不懂得欣赏这个机芯的好的人，又怎么会花这么多钱买Chrono One？

L.U.C XP Urushi

18K红金表壳，直径39.50mm、厚6.80mm，鳄鱼皮表带配红金针扣。100m防水。Cal. L.U.C 96HM自动机芯，直径27.40mm、厚3.30mm，29石，摆频每小时28,800次，65小时动力储存。

这页的三只一套如同是L.U.C府内的一位幕僚，名为莳绘，是日本传统工艺中的一种。说起来CHOPARD（萧邦）其实在好几年前就开始做莳绘表了，那时只针对日本市场，中国大陆和香港都无销售，所以可能也没必要给我们看。再加上日本的零售商都是全盘接货，我们看不看也就无所谓了。我之前在日本的杂志上看到过，绝对惊为天物。今年我们得以见到新款的莳绘，不知为何情形却变了，图案不如以前精彩，那几个动物的图案为什么那么奇特呢？应该做个雷神、锦鲤之类的。机芯来说，你觉得PATEK PHILIPPE（百达翡丽）的珐琅表装个Cal.215还能卖掉吗？一定能的，但是人家确用的是Cal.240。

L.U.C 1937

不锈钢表壳，直径42mm、厚11.39mm，鳄鱼皮表带配不锈钢针扣。Cal. L.U.C 1.010自动机芯，直径28.80mm、厚4.95mm，COSC认证，31石，摆频每小时28,800次，60小时动力储存。另有白瓷表盘的款式可选。

L.U.C Quattro

18K红金表壳，直径43mm、厚7.22mm，鳄鱼皮表带配红金针扣。Cal.L.U.C 1.98手动机芯，直径28mm、厚3.7mm，COSC认证，日内瓦印记，39石，摆频每小时28,800次，四发条盒，9天动力储存。

鲁迅说，人死后就变成了傀儡，说得真好！尤其是用在他自己身上，简直是绝了。人死之后，文集是必须继续地出，50年版权一过，更是随便了，想怎么弄就怎么弄。钟表中也有这种现象，想创立个品牌，就从历史中找出某位大师，在关于各种权益之事谈拢之后，品牌便以这个无辜的大师命名，标榜自己已经有好几百年的历史。这种现象也可以套用在现在很多的复刻表上，它的真正目的不是为了让人们作为珍藏，多少年都不碰一下。而是以历史的名义，向某些市场、某些人群作出的迎合。

L.U.C 1937，表是不错的，不锈钢表壳，大三针加日历，自动机芯，目的还是要准备大卖的款式。共有两款，相比之下陶瓷表盘搭配黑色指针刻度的更为漂亮。这种黑白配的表盘设计其实没什么特别，但如果真要找起来，还是比较少见的。今年另一大品牌的一款，也用了这种颜色搭配。

L.U.C Quattro之前也有，今年按照品牌最新的细节设计，重新制作推出。机芯依然是Cal.L.U.C 1.98，七八年过去了，放在今天依然是很优秀但寡有人知的长动力机芯，从背面可以清楚地看到两对发条盒的位置，动力储存达到了9天。新款的直径加大了不少，达到了43mm，你看12时位的动力储存指针，之前可是向下指示的。

Mille Miglia GT XL Chrono Rosso Corsa

钛金属表壳，直径44mm、厚14.36mm，100m防水，小牛皮表带配钛金属针扣，自动机芯，直径37.2mm，COSC认证，25石，摆频每小时28,800次，46小时动力储存。

Classic Racing Superfast Chrono Split Second

DLC黑色不锈钢表壳，直径45mm、厚15.38mm，100m防水，黑色橡胶表带配折叠扣，自动机芯，直径30.4mm，COSC认证，27石，摆频每小时28,800次，42小时动力储存，限量1,000只。

如果感觉刚才的Chrono One太贵，那么Mille Miglia便是比较经济实惠的选择。今年的新款设计上变化不大，表盘颜色选用了最能代表意大利赛车的红色，加上直径44mm的钛金属表壳，戴在腕上绝对令人瞩目。

第二款同样源于赛车，在展会上给我印象深刻，这是CHOPARD（萧邦）完全不同于L.U.C的另一面。黑色硕大的表壳如同一台强劲的引擎，粗壮有力。其他细节也都展现了腕表与赛车运动的密切关系。比如融合方向盘设计的表冠，表耳侧面模仿散热片的纹饰，轮胎纹的橡胶表带，等等。计时部分为双追针功能，8时位的追针按钮还特别设计成为红色，在全黑的表壳上很是醒目。

CHRONOSWISS

Faszination der Mechanik

CHRONOSWISS（瑞宝）今年最大的作品，我看当属Pacific系列，这对于品牌来说可以算是一种突破。乍一看去，似乎腕表的整个造型都已经洗心革面了，表壳的造型不再那么古典，而是处处充满了硬朗的线条美。但是细看之下，CHRONOSWISS（瑞宝）特有的一些设计元素依然存在。比如表带采用螺丝式固定，以及经典的大洋葱式表冠的纹路也依然保留在新式的表冠上和按钮上。表壳侧面采用拉丝打磨，与抛光打磨的上下表圈形成对比，这也是CHRONOSWISS（瑞宝）管用的一种设计，增加了腕表的细节质感。

首次面世的共有三款，分别是大小两种尺寸的大三针加日历，以及计时款。厚鳄鱼皮表带中间还加缝了一条明线，使表带本身也具有了一些肌肉感。计时款中还搭配了一些特别的绿色，所有的计时指针及按钮的内部均是鲜亮的绿色。今年，这种鲜艳的绿色在其他一些品牌中也有采用，难道钟表业中也开始有流行色了？

Pacific Chronograph

不锈钢表壳，直径42.6mm、厚14.85mm，皮表带或者不锈钢链带，银色或黑色表盘。ETA 7750计时机芯，直径30mm、厚7.96mm，25石，摆频每小时28,800次，48小时动力储存。

Pacific & Grand Pacific

不锈钢表壳，直径40mm或42.5mm、厚11.25mm，皮表带或者不锈钢链带。ETA 2892-A2自动机芯，直径25.6mm、厚3.6mm，21石，摆频每小时28,800次，42小时动力储存。表盘颜色有银色、黑色及棕色可选。

Golden Bridge Automatic

18K红金或者白金表壳，尺寸37.2mm×51.8mm，鳄鱼皮表带配针扣。Cal.CO313自动机芯，26石，摆频每小时28,800次，40小时动力储存。红金限量130只，白金限量70只。

Golden Bridge Tourbillon

18K红金表壳，尺寸34×51mm，鳄鱼皮表带搭配针扣，Cal.CO213手动机芯，22石，摆频每小时19,200次，40小时动力储存。

Ti-Bridge Power Reserve

钛金属表壳，尺寸52.5mm×42.5mm，橡胶表带配钛金属折叠扣。Cal.CO107手动机芯，25石，摆频每小时28,800次，72小时动力储存。

去年的"桥式"陀飞轮有两种，一种是Ti-Bridge的，虽然陀飞轮悬浮在一侧独立旋转，但那两个大大的发条盒似乎有违桥的本意。另一种金桥陀飞轮则是将陀飞轮夹在桥的中间，又觉得陀飞轮的大部分都被挡住了。今年金桥陀飞轮有了升级版，为了不挡住夹在中间的陀飞轮，CORUM（昆仑）的做法是将这一部分改成水晶，两全其美了。仔细观察的话，在钥匙形的陀飞轮框架上还做了一些雕刻装饰，更加美观。再仔细看，那一丝幽幽的蓝色，正是硅制擒纵轮。这样的表，限量是肯定的，并且数量很少，18K白金与红金两款加起来只有25只。

CORUM（昆仑）真是灵感来了挡不住，除了自动、陀飞轮还能有什么？且看这款Ti-Bridge Power Reserve。相比之下样子稍显低调，不过也很别致。动力储存为直线显示，并且自然地放在了一侧，那个硕大的发条盒能够提供长达三天的动力。

Admiral's Cup Legend 38

18K红金或者不锈钢表壳，直径38mm，表圈镶嵌72颗钻石（0.58克拉），黑色珍珠贝母表盘，黑色缎带配针扣。Cal.CO082自动机芯，21石，摆频每小时28,800次，42小时动力储存。

Admiral's Cup Legend 42

18K 5N红金或者不锈钢表壳，直径42mm，鳄鱼皮表带配针扣。Cal. CO395自动机芯，27石，摆频每小时28,800次，42小时动力储存。

这一页的两款是CORUM（昆仑）的另一台柱——Admiral's Cup系列。其实手表的壳形是没有性别和性格之分的。稍加处理就能变成另一番风采。皇家橡树既可以很阳刚，也能很儒雅，镶嵌了钻石之后的女款也能够妩媚动人。CORUM（昆仑）Admiral's Cup也是如此。曾经很运动，也有的很前卫，今年则穿上西装，戴上首饰，摇身一变推出了男、女正装表，让这一经典款式焕发新的生命力。

闲言少叙，言归正传。我经常喜欢形容一些表的设计具有建筑美学特征，这个形容用在DEWITT（迪菲伦）今年最新的这两款陀飞轮上是再恰当不过了，帝王柱造型的表壳早已是深入品牌骨髓的DNA，表盘上的金属装饰也是为了表现摩天大楼的宏伟。其中自动款的机芯设计更是不凡，完全是为这款表量身打造的。机芯夹板的左右完全对称，特别是中间的夹板，更是与表盘的大楼装饰完美呼应。同时，这款机芯还用了“创新”的边缘式自动摆陀，那个印有品牌logo的半圆，即是摆陀的配重。为什么要用带引号的创新呢？可能有些人第一次知道这种摆陀类型是从CARL F.BUCHERER（宝齐莱）的Cal.CFB A1000发展而来，大多数都在使用半圆形摆陀，这种摆陀确实够新颖。其实在古董表中就有，比如1968年PATEK PHILIPPE（百达翡丽）的超薄自动机芯Cal.350。摆陀结构除了可以减小机芯厚度之外，更是能将机芯夹板的造型完全展示出来，比如眼前这一款，如果用半圆形摆陀的话，真是枉费了这么多心思设计的夹板造型了。还没完，这款表还有跳秒这一特色，中央秒针像石英机芯似的一格一格地前进，从机芯夹板上，可以看到有个小的星轮控制着跳秒。

手动款的外观与自动款非常相像，但在机芯及功能上简化了一些，为标准手动版机芯，设计简洁利落了许多。特别的是上面还有个金色的铭牌似装饰，上面刻有制表师的签名。与同样喜欢用铭牌刻字装饰的Philippe Dufour相比，这个签名显得草率了些，当然我相信这位的名气也没有Philippe Dufour来得大了。

Academia Quantieme Perpetuel Sport
钛金属表壳，直径44mm、厚12.05mm，鳄鱼皮表带配折叠扣。Cal.DW 7004自动机芯，29石，摆频每小时28,800次，42小时动力储存。限量50只。

Golden Afternoon
18K白金或者红金表壳，直径39mm、厚9.28mm，巧克力色或白色珍珠贝母表盘款共镶嵌钻石146颗，重约1.404克拉，黑色珍珠贝母表盘款共镶嵌287颗钻石，重约2.17克拉，缎面或者鳄鱼皮表带配金质针扣。ETA 2892自动机芯，21石，摆频每小时28,800次，42小时动力储存。

这页继续一款帝王柱表壳的表款，黑色与红色的搭配，典型的运动活力，功能则搭配了万年历功能，我感觉就像做了一套适合长跑的西装一样。不能说毫无意义，只能说很有限。红与黑以及诸多网眼、条纹等，都在突出着运动的元素。其实之前的非运动款万年历，也不是吃素的。

最后这一组是DEWITT（迪菲伦）的处女作——第一款纯粹的女装表，完全针对女性，摒弃了一切中性的东西。虽然在设计上，帝王柱式的一些特性还是有所保留，只是做了适当的变形。很多女性都有类似的要求，买只表，要低调，要不是那么常见的品牌，要品质好……说实话，巷子深的酒香如今这个世界已经不多，要是不赶紧的，DEWITT（迪菲伦）也要变得妇孺皆知了。

Dior

我想应该是从去年开始，猛然发现DIOR（迪奥）这个品牌开始注重设计与功能性创意巧妙融合的发展思路，特别是那一款Christal Mysterieuse，如果哪场媒体推介会的气氛稍显沉闷的话，它绝对能够起到调动气氛的作用。机芯其实是早就有了，它的原作者甚至做过更加复杂的款式。不过像DIOR（迪奥）这种品牌要做的不是创造，而是创新，有着将腐朽化为神奇的魔力。

DIOR（迪奥）的DIOR VIII，就像CHANEL（香奈儿）的J12，是品牌的象征，代表了DIOR（迪奥）在钟表业中的形象。VIII对于DIOR（迪奥）有着特殊的意义，是其创始人的幸运数字。DIOR（迪奥）的创立日期是10月8日，高级钟表及珠宝旗舰店也在旺多姆广场8号。这与我们对数字8的喜爱不谋而合。

今年的新款，实际都是集中在这个系列中，手表的外形，特别是具有代表性的那个金字塔造型，整体采用陶瓷材质展现出来，不同于以往在不锈钢表壳或表链上镶嵌蓝宝石水晶的方式。其中，钻石和各色宝石也是必不可少的，晶莹炫彩，很有卖相。我自己，也是越来越喜欢珠宝表，一是因为宝石本身，绝对属于稀缺资源，而且几乎是不可再生的，这是两个收藏的重要因素。二是因为钟表行业有个惯例，镶嵌在表壳上的钻石，都是品级较高，并且颜色、净度等都非常一致的。所以，上档次的珠宝表，在宝石的甄选方面，也是需要下大力气的。另外，珠宝、钻石的定价体系也相对清晰，只是品牌的溢价不尽相同而已。今年DIOR VIII的常规款中，有两种尺寸，每个尺寸都有镶钻或不镶钻的款式，在欧洲的定价从3,500欧元到6,800欧元不等。

VIII 33mm & 38mm

黑色高科技陶瓷和不锈钢表壳，直径38mm或者33mm，有不镶钻、表盘镶钻和表圈镶钻三种。石英或者自动机芯。

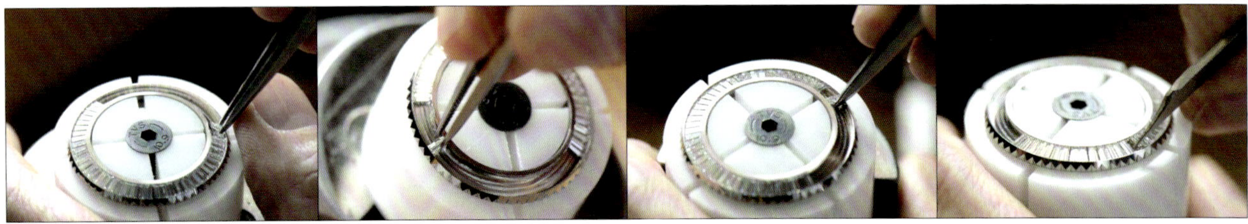

VIII 33mm automatic
黑色高科技陶瓷表壳，18K钯金表圈镶嵌60颗长阶梯形切割宝石（钻石3.19克拉，绿色石榴石3.21克拉，粉红色蓝宝石3.59克拉，或者黄水晶2.39克拉），黑漆镶钻表盘，直径33mm。自动机芯，40小时动力储存。

DIOR（迪奥）走高档奢华路线，是相当靠谱的。不论是买珠宝还是珠宝表，我的观点是尽量选大颗的。很简单，大颗少见，没听说过有谁买一大把0.01克拉的钻石当做收藏，除非那人是疯子。再有，大颗好看！就像这两页的表，外圈一圈方钻或宝石，气势立刻不凡。这之中有钻石、绿色石榴石、粉红色蓝宝石及黄水晶。这个宝石的镶嵌方法称为“轨道式”镶嵌，是非常形象和贴切的。外圈的内部有一圈滑轨似的凹槽，要想将宝石放进去，要先找个位置掰个小豁口，能容纳一颗宝石进出即可，颗颗宝石就是从这个小豁口中放进去，再滑到它自己的位置，所有宝石都放好后，再将那个小豁口磨平，宝石就牢固地固定在里面了。

这四款表中，最贵的无疑是钻石那款，但其他的也不算便宜。宝石的种类是一方面，我觉得还可以翻翻星座书之类的找一找自己的幸运石，买自己的幸运石戴，那就更合适了。与宝石相对应的，是自动砣的颜色，除了钻石那款用了黑色的自动陀以外，其他的都与外圈宝石的颜色相一致。

Dior
AUTOMATIC
VIII

Water resistant 50m
Swiss made
Dior
VIII
VIII place Vendôme
CD 1235F2
750 FL1864

Dior
AUTOMATIC
VIII

Water resistant 50m
Swiss made
Dior
VIII
VIII place Vendôme
CD 1235F3
750 FL1862

Dior
AUTOMATIC
VIII

Water resistant 50m
Swiss made
Dior
VIII
VIII place Vendôme
CD 1235F1
750 FL1863

Broderie，共镶钻283颗钻石，约0.99克拉。

Dentelle，共镶钻278颗钻石，约1.05克拉。

VIII Grand Bal 38mm

黑色高科技陶瓷和不锈钢表壳，直径38mm，表圈镶钻，越南黑色珍珠贝母刻纹镶钻表盘，“Dior Inversé”自动机芯，白金镶钻摆陀置于表盘正面，40小时动力储存。每款限量18只。

最后这两页，我想就是DIOR（迪奥）今年最大的亮点所在。看表背，这分明是一只手动机芯的表，其实不然，盘面上占了一半面积的钻石装饰，其实就是机芯的摆陀，也就是说它在转动的同时，也是起到自动上链的效果。之后再镶嵌上钻石，作为一种好玩的、绚丽的装饰物。其实这种摆陀在表盘上的设计之前也有。前面我们说了，DIOR（迪奥）重在创新，而不是创造。相比之前将摆陀放在表盘上的那个品牌，DIOR（迪奥）的这个精彩许多，这个设计来源于高级定制礼服的裙摆，每一款的造型都不同，钻石也有多有寡，戴在腕上，不经意间随着手腕的摆动，盘面上的装饰转动，那种华丽的摇曳，却都是一样的。

Plissé，白色珍珠贝母镶嵌在白金自动摆陀上，共镶钻146颗钻石，约0.88克拉。

Plumetis，共镶钻453颗钻石，约1.81克拉，雪花镶嵌表圈。

高级服装定制——Grand Bal的灵感来源。

EBEL

THE ARCHITECTS OF TIME

Classic Sport Chrono

不锈钢表壳，直径41mm、厚10.8mm，50m防水，卡其色、米黄色、棕色、粉红色或蓝色橡胶表带搭配折叠扣，Cal.EBEL 503石英机芯。

1911年创立的EBEL（玉宝）品牌曾经四易其主，如今隶属于MGI Luxury Group，今年则刚好迎来它的100周年。一路走到今天，除了精工细作，卓越品质之外，其表款最大的特点就是独特的一体成形表壳，已经成为品牌的招牌设计。这种表壳外观上看最大的特点是没后盖，表壳主体是由一整块不锈钢制成。机芯从表壳的上部装入，之后再加上表圈、表镜加以密封、固定。所以理论上这种表壳更加坚固，密封性更好。不过如今背透的表越来越多，EBEL（玉宝）也不得不增加一些背透的款式，以满足人们的窥探欲。机芯方面，EBEL（玉宝）是具有一定自产能力的品牌，其他也是多选用一些级别较高的，品质方面值得称赞。

计时功能同样是EBEL（玉宝）所擅长的，今年品牌新增了一款色彩鲜艳的计时表款，搭配了5种不同颜色的橡胶表带，表壳的造型也一改以往圆滑的形象，变得硬朗起来，加上精细的打磨处理，感觉更加精致。

Beluga

不锈钢表壳，直径30mm、厚7.5mm，50m防水，不锈钢链带，石英机芯。

Classic Sport

18K金与不锈钢表壳，直径40mm或27mm，表圈或镶嵌钻石，50m防水，18K金与不锈钢链带，石英机芯。

非计时功能的Classic Sport则显得比较正装了一些，同时采用了不锈钢间18K金的表壳，表壳尺寸分为40mm和27mm两种，中规中矩，尽管卖点不是很多，但这类表款，只要品牌的名字够响，在国内的市场绝对是不愁卖的。

类似的还有Beluga系列，这个转为女性设计的款式曾经有非常华丽的珠宝款，新款则更加注重其特有的线条美。更加圆润，如同女性的曲线。钻石只是在刻度上有一些点缀，没有钻石的则多一些古典美感。

GP
GIRARD-PERREGAUX
WATCHES FOR THE FEW SINCE 1791

说GIRARD-PERREGAUX（芝柏）是君子品牌，我很认同。一直都在自产机芯，一直在做一些真正的表，需要创新的时候创新，但也大多是点到为止。但可能君子之交淡如水，GIRARD-PERREGAUX（芝柏）从不拍着胸脯标榜自己什么，了解它的人，自然了解。

曾经的三金桥，是屈指可数的绝美机芯之一，是能让人一眼就对这个品牌钟情的作品。在Vintage系列中，也有过单金桥的陀飞轮，今年这个设计转移到了1966系列中，而设计则更加纯粹，非常简单的时、分显示加陀飞轮功能。但单这一个陀飞轮，就足够细细欣赏的了。陀飞轮大家都见过，GIRARD-PERREGAUX（芝柏）自己的陀飞轮采用的是A字形框架，这一点与以往没什么不同。变化则还是在那根金桥上。曾经的金桥，整体是一个平面，四周辅以倒角打磨，这根全新的金桥，中间的两端横梁新采用了半圆形修饰，与两端和中轴部分，形成了一个清晰的分界。这种装饰方式有个自己的名字，称作“bassiné”。另有一个品牌也采用在自己的陀飞轮板桥上，但是GIRARD-PERREGAUX（芝柏）自己的介绍不够给力，所以引用那个品牌新闻稿中的一句话：超凡卓越的手工艺，每个板桥都需要耗费11个小时才得以完成。我不否认那个品牌工艺的细腻，但是他没有金桥，GIRARD-PERREGAUX（芝柏）这个要更美上几分。

另一款为自动小三针，这在顶级的钟表品牌中很是少见。相同的表壳造型及尺寸，如同上一款陀飞轮的简装版，但是也没简化到真的什么都没有的程度。GIRARD-PERREGAUX（芝柏）深得简约古典的精髓，白色的珐琅表盘陪衬着柳叶形蓝钢指针，优雅至极，而小秒盘上方红色的“60”，画龙点睛是神来之笔！

1966 Small Second

18K红金或白金表壳，直径40mm，珐琅表盘，鳄鱼皮表带配金制针扣。Cal. GP03300-50 自动机芯，32 石，摆频每小时28,800次，46 小时动力储存。

1966 Tourbillon With Gold Bridge

18K红金表壳，直径40mm，鳄鱼皮表带配红金针扣。Cal.9610 自动机芯，直径28.60mm，31 石，摆频每小时21,600次，48 小时动力储存。限量50 只。

Vintage 1945 XXL
18K红金或不锈钢表壳，尺寸35.25mm×36.20mm，鳄鱼皮表带配折叠扣。Cal.3300 自动机芯，32 石，摆频每小时28,800次，48 小时动力储存。

我曾经认识一位钟表大卖家，之所以不叫玩家，是因为他很少研究表，喜欢的可以同款式的各种材质一样一只，不喜欢的就碰都不碰。这种花钱方式，可能很容易就被划归到那一类群体中，其实他是真正的实干家，从白手起家到把公司运作上市。他喜欢JAEGER-LECOULTRE（积家），却从没给自己买过一只Reverso，他说：戴着不得劲儿。其实戴不惯方表的人不少，有人说这叫晕方表。我认为比起圆表，方表不是那么好做的，长宽的比例、细节的装饰都很考验品牌对于审美的把握。刚才提到的Reverso算得上是方表中比较成功的设计，还有就是GIRARD-PERREGAUX（芝柏）的Vintage。今年进到GIRARD-PERREGAUX（芝柏）的展厅，第一眼见到的是位美女，第二眼看到的就是这只表了。新款的名字叫Vintage 1945 XXL，尺寸上看不出它如何XXL，或许是弧度。之前的Vintage 1945也是有一定弧度的，但未曾像这一只这么大，从同样拱形的表盘与嵌入其中的平面小秒盘之间的对比可以看出，这个巨大的弧度，小表盘的上缘与下缘的区别很大。坦白地说，一时间有点无法接受，Vintage为什么要变成这样？深思一番，忽然领略了，原来所谓真正的个性，应该就是这一种，在微小的改动之下创造巨大的感官差别，无需过分的喧嚣。它的口径是不大的，戴在手腕上，看起来一如一只古董表那么可人，时、分针用了金色，在小秒盘中，依然有那个如神来之笔的红色“60”。

Cat'S Eye Small second

18K红金或白金表壳，镶嵌62颗钻石，珍珠贝母表盘，尺寸35.25mm×30.25mm，鳄鱼皮表带配针扣或折叠扣。Cal.GP03300-0044自动机芯，28石，摆频每小时28,800次，46小时动力储存。

Vintage 1945 Lady

18K红金或不锈钢表壳，镶嵌70颗钻石，尺寸34.00mm×23.30mm，鳄鱼皮表带配针扣。Cal.2790自动机芯，35石，摆频每小时28,800次，36小时动力储存，不锈钢款为石英机芯，红金款限量50只。

这页一方一圆的两只女表有个共同特点，就是都是横向的。从美观上说，横向的表壳更适合女人纤细的手腕。GIRARD-PERREGAUX（芝柏）今年把几十年不变的Vintage 1945表壳“压扁”，为女士们献上了一款专属腕表。配有日历以及小秒针+日历两种款式，其中小秒针的款式更加清新可人。

另一款Cat＇s Eye称得上是女装表世界中的经典，它那种妖娆的气质十分迷人，以设计来说，我看进入女表前十名绝对不夸张。新款的改动，是在9时位置增加了小三针，四周有一圈像阳光似的放射花纹。从侧面看，表壳的线条丰盈圆润，很是迷人。

Glashütte ORIGINAL

基本上每个在格拉苏蒂镇创立并有上百年以上历史的品牌都可算是一奶同胞，因为就是那里一个人，在这个小镇上发展起了制表事业。GLASHÜTTE ORIGINAL（格拉苏蒂）与A. LANGE & SÖHNE（朗格）无疑是其中最为突出的两个品牌，但他们一路走来的道路却是截然不同的。

这款名为"70年代"的表款是GLASHÜTTE ORIGINAL（格拉苏蒂）今年的重点，展位上都贴满了它的大幅照片。熟悉一点手表历史的人都知道，那个年代发生了什么，而对于GLASHÜTTE ORIGINAL（格拉苏蒂）来说，则同时处在一段特殊的时期，当时它被缀以"人民表厂"的称呼。这款表的设计，看得出来是当时很无奈的举措，也有一些当时石英表的风格。但就像玉米面，当初是穷苦老百姓的口粮，今年却成了健康食品，高级餐厅中也很常见。这款表就像玉米面，就像人们在回忆以前那个相对比较困难的时期，依然会有很多甜美记忆。

新作之中共有三种颜色的表盘，我个人比较喜欢那个渐变蓝色的，更适合这款表的精神。

让我们再回到1960年代。以前的1960年代都是简单功能，最复杂不过计时表。今年新款则是陀飞轮。为了表现出那个年代的风韵。表镜依然是凸起的，而且不光前凸，后也翘。说实话，就差那么几年，但1960年代可是机械表的好光景，百花齐放，上天入地的。包豪斯风格依然表现在这款表上，极为简约，12时位置一个大日历，对称的是陀飞轮，两根指针，齐活了。说实话，方形表永远不能成为主流，所以方形的复杂表，是不多见的。

Seventies Panoramadatum

不锈钢表壳，尺寸40mm×40mm、厚11.5mm。Cal.39-47自动机芯，直径30.95mm、厚5.9mm，39石，摆频每小时28,800次，40小时动力储存。

Sixties Square Tourbillon

18K红金表壳，尺寸41.35mm×41.35mm、厚13.4mm。Cal.94-12自动机芯，直径32.2mm、厚5.4mm，50石，摆频每小时21,600次，48小时动力储存。限量50只。

Senator Automatik

18K红金或者不锈钢表壳，直径40mm、厚9.9mm。Cal.39-59自动机芯，直径26mm，25石，摆频每小时28,800次，40小时动力储存。另有表圈镶钻款。

Senator Ewiger Kalender

18K红金表壳，直径42mm、厚13.6mm。Cal.100-02自动机芯，直径31.15mm、厚7.1mm，59石，摆频每小时28,800次，55小时动力储存。

这页的两只，属于在已有表款的基础上做了些细节改变。首先万年历款的表盘布局是我一直比较喜欢的，上下左右各一个窗口就解决所有问题，日期是GLASHÜTTE ORIGINAL（格拉苏蒂）一贯的大日历视窗，闰年显示也比较低调，保证了4个窗口的平衡美感。新款一出，令人眼前一亮！其实布局是一样的，机芯也一样，唯独指针变成了桃花针，刻度换成了修长的罗马数字，此外用黑色表盘与红金进行搭配。这几点改动扫荡了之前偏硬的设计，变得非常优雅，很有怀表的气质。另外，还可以选购专门搭配的橡胶表带，连夏天的问题也一并解决，很贴心。

第二款是大三针，看到它感觉很兴奋，因为最近很沉迷于这种简约的设计，如果还是手动机芯的话就更完美了。眼前这一款也是采用了桃花针搭配罗马数字刻度的新设计，相当复古、文雅。翻到背面，轻叹一声，它用的还是普通的自动机芯Cal.39。这个时候我就明白了，它的目标所向还是要好看，搭配不错的机械机芯，并且定价不贵，是入门级的精选。

Senator Navigator WorldView

不锈钢表壳，直径44mm、厚13.9mm，小牛皮表带配针扣。Cal.39-47自动机芯，直径30.95mm、厚5.9mm，39石，摆频每小时28,800次，40小时动力储存。

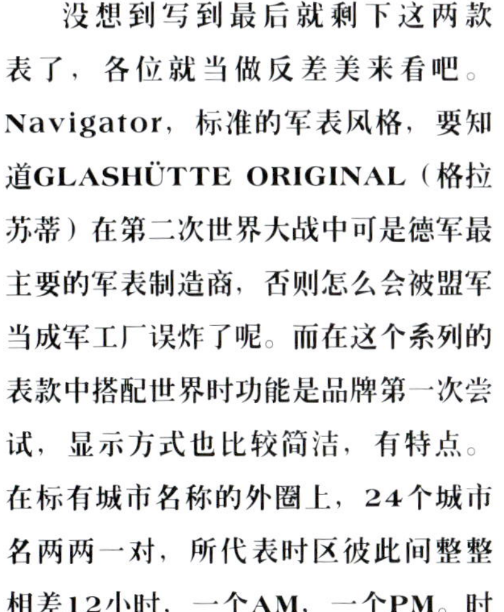

PanoMatic Luna

不锈钢表壳，直径39.4mm、厚12mm，珍珠贝母表盘，鳄鱼皮或者橡胶表带配针扣。Cal.90-12自动机芯，直径32.6mm、厚7.0mm，47石，摆频每小时28,800次，42小时动力储存。

没想到写到最后就剩下这两款表了，各位就当做反差美来看吧。Navigator，标准的军表风格，要知道GLASHÜTTE ORIGINAL（格拉苏蒂）在第二次世界大战中可是德军最主要的军表制造商，否则怎么会被盟军当成军工厂误炸了呢。而在这个系列的表款中搭配世界时功能是品牌第一次尝试，显示方式也比较简洁，有特点。在标有城市名称的外圈上，24个城市名两两一对，所代表时区彼此间整整相差12小时，一个AM，一个PM。时区时间的读数，便直接看它所对应的小时标志即可。而大日历已经深入到GLASHÜTTE ORIGINAL（格拉苏蒂）的骨头里了，即使是这款表，6时位依然添加了一个大日历视窗。

目前在GLASHÜTTE ORIGINAL（格拉苏蒂）所属的这一类高端品牌中，世界时表都是相当正装表的风范，运动之中带有世界时功能的太少，脑海中只有JAEGER-LECOULTRE（积家）曾经做过。不锈钢表壳，并不复杂的制作，使其能获得一个很好的定价，不贵就能拥有大牌的世界时，这是很多人所希望的。

最后一款是男表尺寸，但细节上是100%女性化的手表。最近我也渐渐开始喜欢钻表，但必须是方钻。方钻和圆钻的区别真的不是一点半点，我在前面的品牌介绍中详细说过。GLASHÜTTE ORIGINAL（格拉苏蒂）这一款，我觉得可以更大胆一点，步子再迈大一点。特别是刻度，本来已经是方形的了，就应该大胆地放进去方钻。我知道，那样的话价格绝对不菲，但如果全部换成方钻，在那种豪迈气质面前，钱又算什么呢？！

Double Tourbillon 30° Technique
铂金表壳，直径47.50mm、厚16.84mm，鳄鱼皮表带配铂金折叠扣。Cal.GF02s手动机芯，直径38.40mm、厚12.15mm，43石，摆频每小时21,600次，385个零件，四发条盒，120小时动力储存。

专注于一项功能的品牌极少，偶尔发现那么一两个，在经过一段时间之后，也便不得不拓展产品线，以适应市场。所以**GREUBEL FORSEY**（高珀富斯）在这个行业中是个异类，是个成功的异类。

对于单一功能来说，**GREUBEL FORSEY**（高珀富斯）很贵，没有低于**200**万人民币的款式，要是真叫我把贵的道理说得有理有据，似乎很难。因为它的定价体系很模糊，自然销售方式也不同于量产表。正因为**GREUBEL FORSEY**（高珀富斯）很专注于陀飞轮，所以确实做得好看。如果叫我买一只陀飞轮前提是不在乎价钱的话，一定买它。

大概是因为在展会上看表看到眼花，这一次我特别感觉，好像这个品牌的水晶面板比别的品牌都要好，透明度很高，在现场拍摄起来感觉它很上镜。**30°**陀飞轮，一定要买新款镂空的才过瘾，比如这一款，说镂空又不是传统意义的镂空，从正面看，整体如同一座庞大的机械建筑群，视觉上很有深度，很有立体感。将它拿在手里，你会更加觉得，它真的很贵，贵得很值得，很非同寻常。

Invention Piece 2

铂金或者18K 5N红金表壳，直径43.50mm、厚16.28mm，鳄鱼皮表带配铂金或者红金折叠扣。Cal.GF03n手动机芯，直径37.0mm、厚11.87mm，64石，摆频每小时21,600次，594 个零件，三发条盒，56小时动力储存。铂金和红金各限量11 只。

GREUBEL FORSEY（高珀富斯）的陀飞轮是真正的一个顶俩，不但呈30°倾斜，并且有两层框架。按照英文直接翻译的话就是"双陀飞轮"，但是这种两个双陀飞轮的，曾经有人叫它"四陀飞轮"就不太合适了。应该叫双双陀飞轮，有点两口子的意思，不过今年"闹分居"了，原来二者本来是在7时位置紧紧相连，今年则是一上一下形成对角线的格局，上面的陀飞轮水晶片显示主框架4分钟一圈的速度，左部空间内有小秒针和动力储存显示。时间显示盘让位于4时位偏心位置，是两个陀飞轮成为盘面的主角。铂金或18K打造的异形表壳比之前更有存在感，好像里面的陀飞轮要冲出表壳，飞到天上一样。

HAMILTON

THE AMERICAN BRAND SINCE 1892

汉米尔顿

Pan Europ

不锈钢表壳，直径45mm，100m防水，牛皮表带，Cal.H31自动机芯，摆频每小时28,800次，60小时动力储存。

Thin-O-Matic

不锈钢表壳（原色或者PVD暗金色），直径38mm或者42mm，牛皮表带或者金属链带，Cal.ETA 2824自动机芯，摆频每小时28,800次。

有个重大消息，今年HAMILTON（汉米尔顿）也推出自产机芯了。虽然明眼人一眼就可以看出这其实是出自于ETA的Cal.7750，依靠集团中的这个强大资源，为HAMILTON（汉米尔顿）提供特制的机芯是不成问题的。但是品牌追求在机芯上突出自己的特色的这种精神是积极的。而且，作为Swatch大家庭的成员，不能自己想干嘛就干嘛，要对整个“家族”负责，听大家长的统一安排。

新机芯共推出了两种型号，分别是Cal.H21和Cal.H31，主要区别在于其附加功能上，Cal.H21具有时、分、星期、日历及计时功能；Cal.H31没有星期显示，但是增加了时间的秒钟显示。机芯上我们可以明显地看到摆陀下面的夹板上布满了字母“H”装饰，快慢针部分也得到了重新设计，以突出品牌特征。性能上，新款机芯延长了发条长度，使动力储存时间延长到60小时。首个搭载新机芯的是一款复刻版：Pan Europ，其原型来自于HAMILTON（汉米尔顿）1971年的表款，也同样是在那一年，汉米尔顿成为如今Swatch集团的一员。

继续一款复古表，名称来自于品牌在1960年代的一款同名手表。它不只款式复古，表盘上的Logo和字体也遵循了旧时的风格。这种弹簧似的金属表链，大家年轻的时候或者小时候看父辈人肯定基本都戴过吧。表壳尺寸有38mm和42mm两种，均搭配的是自动机械机芯。

Khaki Navy SkyMaster UTC

不锈钢表壳，直径42mm，黑色、银色或灰色表盘，黑色帆布背衬橡胶表带、黑色或棕色压纹皮带，300m防水。Cal.ETA 2893自动机芯，摆频每小时28,800次。

Lady Hamilton Vintage

PVD黑色、金色或不锈钢原色表壳，50m防水，皮绳式或不锈钢链带，石英机芯。

在巴塞尔展会，朱兄拿出这款表便急切地问我：你觉得怎么样？看着这款表的样子，想必这个问题是他每次介绍都要问的。很明显，这同样是款复刻，历史中做过，但近代从来没有过类似的。其实表不难看，特别是表壳经过特别处理后，显得古香古色的，但是我感觉这种钟表在市场上的效果没准是两个极端，喜欢的特别喜欢，不喜欢的就会特别不喜欢。

最后这一款是真正的新款，不复刻、不复古，只是功能上采用了原有的，披上了全新设计的外衣。新款表壳看起来比以往更正装了些，三个表把依然在原本的位置上。表盘上最大的特点是第二时区显示变成了指针式。而最外圈的那个地区名称转盘，今年用的是国际航空运输协会（IATA）规定的由3个字母组成的机场代码显示不同时区，DXB（迪拜）、KHI（卡拉奇）、PSG（彼得堡）……

HARRY WINSTON®

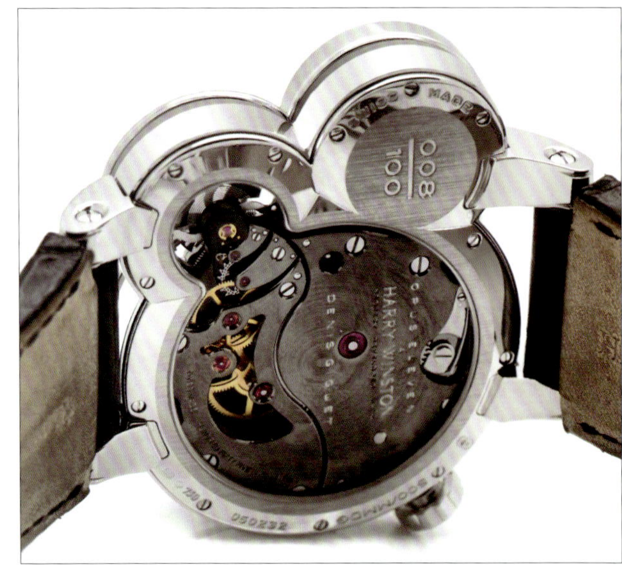

Opus Eleven
18K白金表壳，手动机芯，155石，566个零件，48小时动力储存。限量111 只。

每年来到HARRY WINSTON（海瑞温斯顿）展厅，每个人心里肯定都在期待同一样东西，那就是Opus当年的新作。今年的第11号的创作者是Denis Giguet，他自己的品牌叫MCT。MCT还有另外一个怪才品牌URWERK都喜欢类似这样的做法，盘面风生水起，利用各种转轴，各种模块，将本来平面显示变得立体，很具观赏性。如今在瑞士，具有天马行空想法的制表师其实是越来越多了，但要想成为HARRY WINSTON（海瑞温斯顿）的合作伙伴，就一定要够创意，够复杂，够雷人才行。今年的这个庞然大物的关键在于它显示小时的方式，有点类似于火车站翻牌式的列车时刻表。通过一个庞大的体系，驱动24个碟片组合显示小时数字。从表盘上得以观赏到这一系统的全貌，共有4组转动轮系，每一组上面有8个中型齿轮，3个椭圆尺寸，1个三角齿轮及6个伞尖形小碟片组成。其整个系统经过精密的编程计算，每个小时4个轮系协调运作，利用自己的碟片在表盘的中心组成当前的小时数字，也就是说每个小时的数字都是由4个碟片组成。且慢，如果是12小时制的话，需要12个数字，也就是48个碟片，这个似乎不够用啊，我觉得这也正是它更加精彩的一点。这里面每个碟片都是双面的，需要的时候，它会自动翻转过来。这样，在每个小时到达临界点时，盘面就会进行一次快速的“变形”，组成下一个小时的数字。

就是这样一枚只能显示小时和分钟的机芯，其零件总数高达566个，其中包括155个红宝石轴承。表壳尺寸硕大，最主要的部分当然是小时盘，旁边两个耳朵分别是双层转盘显示的分钟及摆轮的“房间”。

Histoire de Tourbillon 2

18K白金表壳，直径48.5mm，黑色蛋白石表盘，鳄鱼皮表带配针扣。手动机芯，双轴陀飞轮，钛金属外框120秒一圈，内框40秒一圈，50小时动力储存。限量20只。

前面刚写过GREUBEL FORSEY（高珀富斯），说实话要说立体陀飞轮做得最好的，还得是人家，最起码是“之一”吧，其产品给人感觉还有一些传统的东西融合其中。很多品牌包括HARRY WINSTON（海瑞温斯顿）的东西都给人感觉太现代，陀飞轮应该是个很古典的东西，它基本上属于“落后于时代”的，那是不是立体陀飞轮就应该做得很现代才好？我想这还是萝卜白菜各有所爱吧。

这只陀飞轮最吸引眼球的东西当然还是在表壳最显眼的位置，尺寸也最大，旁边中号的盘面是分钟，最小的是小秒盘。陀飞轮的旋转方式，是最外层有个大框架，每120秒水平旋转一圈，内部框架的轴的角度与摆轮的轴成90°使其垂直旋转。这让我立刻想到了PANERAI（沛纳海）的陀飞轮，不同的是PANERAI（沛纳海）的没有外层框架，只是一个垂直旋转的框架。当时有人称它为“烤鸡陀飞轮”，还真是很形象呢。那HARRY WINSTON（海瑞温斯顿）这款似乎可以叫做“转炉烤鸡陀飞轮”。

Midnight Midsize

18K红金或白金表壳，直径32mm，鳄鱼皮或绢制表带配针口，表盘3、6、9、12时位刻度镶嵌钻石，石英机芯。

Midnight Automatic

18K 白金或者红金表壳，直径42mm，鳄鱼皮表带配针扣。自动机芯，26石，45小时动力储存。

Midnight Big Date

18K 红金或者白金表壳，直径42mm，6时位镶钻，鳄鱼皮表带配针扣。自动机芯，35石，72小时动力储存。

没人能保证一辈子都靠奇招制胜，做一些实实在在的东西卖些钱还是相当现实的，也让钟情于自己品牌的人们不至于每次都咬牙跺脚的。今年**HARRY WINSTON**（海瑞温斯顿）的**Midnight**中便有几款这样的作品，外表和平时相比斯文了许多，细节处理得也很精致，品牌标志性的设计，例如表耳、表圈上的装饰，依然保留。其中两款机械表采用的也是比较薄的机芯，所以表壳不是很厚，再加上直径也不大，很适合日常佩戴。

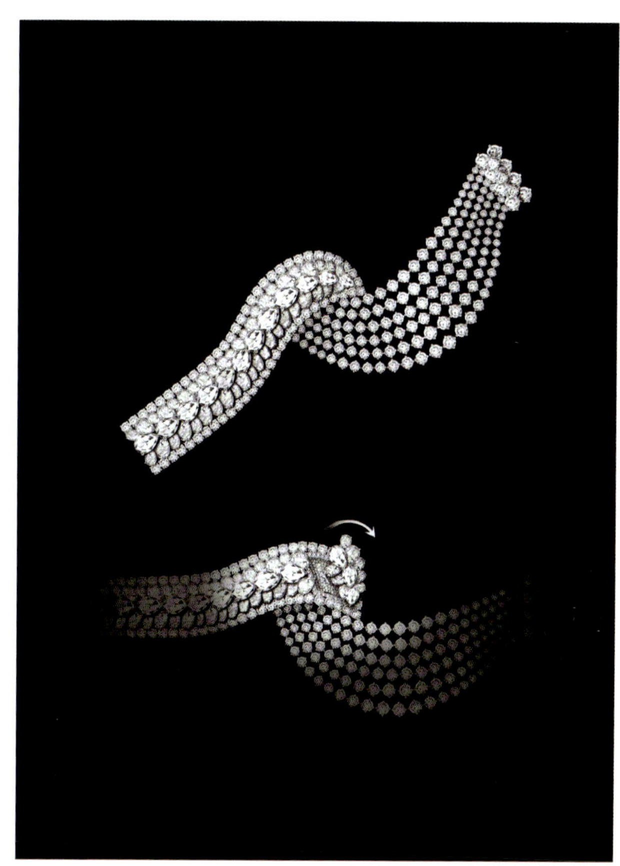

Jewels That Tell Time-Rendez-Vous
铂金表壳，共镶嵌88.88克拉钻石。石英机芯。

Jewels That Tell Time-Rosebud
16 颗长阶梯形切割钻石，重约1.8 克拉，26 颗梨形切割钻石，重约2.9 克拉，167颗明亮型切割钻石，重约2.2克拉，共计6.9克拉。

现代前卫的风格或许只是存在于**HARRY WINSTON**（海瑞温斯顿）的手表中。毕竟这是个钻石的老大级品牌，它的很多珠宝产品还是能看出一些古典雅致的气息。这个系列的名字也起得好，“**Jewels That Tell Time**”，说出了这类表的实质。在钻石的**4C**当中，我更看重颜色，因为切工是人为的，想要完美切工，多下些工夫就行了，但颜色则是天然的，无法改变，并且相对于净度，是能够在视觉上感受到的。**HARRY WINSTON**（海瑞温斯顿）用的钻石，都是**D**色，顶级得没话说。

顶级珠宝表，就像是顶级名模，写个名字就够了。诸多数据无非是类似三围一样的注解。其余的自己看就好。需要多说一句的是，那款名为**Rendez-Vous**的，尺寸应该远比您想象大很多。面积相当于一个成年男人的手掌大小吧。另外的那个并不是三款，而是可提供三种佩戴方式的一件，能够搭配不同的服装，不同的场合。当然，也可以开发出其他佩戴方法，随心所欲。

Arceau Time Suspended 时间暂停

18K红金或者不锈钢表壳，直径43mm，浅啡色或黑色鳄鱼皮表带配折叠扣。自动机芯，直径34mm、厚6.15mm，45石，254个零件，摆频每小时28,800次，42小时动力储存。18K红金款限量174只。

对于时间这个富于哲理的话题，HERMÈS（爱马仕）是比较谙熟此道的。曾经有可以将时间"变速"的Grades Hours，12小时刻度并非等距排列，有的时间段宽，有的时间段则很窄，时针按照分布不均的小时刻度前进，时快时慢。它所表达的，是人们希望时间快点过去或者希望时间变慢些的心情。今年则更具有互动性，你可以随时让时间从这只表上"消失"。玩法很简单，在表壳9时位置有个按钮，在任何时间，按下它，啪的一下，时间消失了——按我的理解，时间就是消失了，而不是暂停。你看分针指向的是1分，而时针则前不着村后不着店地在11时和12时之间，这根本不是时间。而右下方的回跳式日历则消失得更加决绝，指针彻底消失了，藏在表盘下面去了。如果想重新回到真实世界，再按一下9时位置的按钮即可。从机械原理来说，它复杂有限，但从使用的角度，它的确非常好玩。我觉得它很适合感性的人，帮助他们摆脱时间的束缚，或将心情停留在某一点上。

除了可以使时间“暂停”之外，HERMÈS（爱马仕）今年的其他表款都以艺术设计为重，并且产量极少。每年在展会上看这些款式的时候，美女总会向我炫耀她为中国市场抢到了多少只。所以我的直觉一直告诉我，哪怕到这本书面市的时候，也不为时已晚。

手表上的艺术一定少不了珐琅。在今年的珐琅作品中，我最喜欢这页中的一套——印度之花。它的图案来自于Aline Honoré所设计的一款HERMÈS（爱马仕）丝巾。共有三款，相同的图案，不同的色调。一只彩色，一只红色，一只蓝色。看图片时，我一直认为彩色的那只最漂亮，颜色多、鲜艳、复杂。但仔细观察，会发现若是以颜色论的话，彩色的是漂亮，但要是以珐琅手法来说，蓝色调的那款才是最美的。因为三只之中，这只是没有掐丝，完全手绘的、烧制的。在我容量不大的脑袋中，这套印度之花，是HERMÈS（爱马仕）有史以来最精美的一套珐琅表。放在现行的所有珐琅表的世界里，它的艺术水准也是极为靠前的！如果那一只彩色的也全部采用手绘方式的话，绝对会成为兵家必争的话题之作了。

Arceau Fleurs d'Indiennes印度之花

18K白金表壳，直径41mm，鳄鱼皮表带配白金针扣。Cal.H1928自动机芯。3款一套，限量发行4套。

Cape Cod Puzzle

18K白金表壳，尺寸36.5mm×37mm，鳄鱼皮表带配18K白金折叠扣，Cal.H1928自动机芯，摆频每小时28,800次，55小时动力储存，孤本制作。

Arceau Pocket Puzzle

18K白金表壳，爱马仕短吻鳄鱼皮链及皮套，Cal.H1928自动机芯，摆频每小时28,800次，55小时动力储存，孤本制作。

这款怀表的精彩之处，是后盖上的木头拼接图案。这个图案同样来自于HERMÈS（爱马仕）的丝巾，原作者是Joachim Metz。而将它演绎在表盘上的这位，是钟表圈里很有名的"木匠"——Jerome Bouttecon。他自己介绍说，这个图案耗时一个月，从他自己收藏的1200多片木片中选出了3种：枫木、胡桃木和栗木，按形状切割，最终图案由47片木片组成。而且这位仁兄只做了这一只，使这款表也成为了独一无二的孤品。说起来这种用木片拼接图案的工艺其实也是传统工艺的一种，以前多见的是在木制的钟壳、音乐盒及各种用途的木盒上。我感觉，这个东西完全可以做得更加复杂，比如以前面的印度之花图案制作，可以做得更加精彩。

具有木制拼画的这一面实则是一个可开启的表背，打开它就可以看到由"H迷宫"图案装饰的自动机芯。正面则像手表一样，直接就是表镜和表盘，精细的雕刻之后上面又加了一层半透明珐琅，有种波光粼粼的美感。

采用相同图案的，还有一只珐琅手表，表盘以掐丝珐琅的方式再次演绎这个图案，然而，竟然也是限量1只的孤品。包括下一页出现的另一款限量一只的珐琅表，都有个共同的特点，就是以马作为图案。特意查了下去年的"三匹马"，果不其然也都是限量一只。看来要想拥有一匹HERMÈS（爱马仕）的马，是要讲缘分的。

Arceau H Dédale 迷宫

18K白金表壳，直径41mm，鳄鱼皮表带配白金针扣。Cal.H1928自动机芯，摆频每小时28,800次，55 小时动力储存。

Arceau Clan Equestre

18K白金表壳，表盘采用微绘、掐丝和内填式三种珐琅工艺。Cal.H1928自动机芯，摆频每小时28,800次，55小时动力储存，孤本制作。

H-our隐形镶嵌

18K白金表壳，尺寸26mm×26mm，表壳共镶嵌202颗钻石，总重约7.88克拉，表盘镶嵌126颗钻石，总重约3.32克拉，18K白金表扣镶嵌32颗钻石，总重约1.1克拉，石英机芯。

这里继续补充一些表款，其中之一便是之前提到的一款珐琅表，采用掐丝加手绘的方法制作。马匹的轮廓由金线圈出，内部则用手绘的方式绘制了不同的纹路或图案。相比上一页的两只孤品，这款表马的数量可多了不少。

另外一款珐琅显得比较现代，首先是图案，同样来自于HERMÈS（爱马仕）的一款丝巾。看来以这种方式，HERMÈS（爱马仕）绝对是不缺素材的。图案是由很多不规则的“H”组成，简单但不失创意。其次是工艺，这个珐琅如同内填珐琅，在每个“H”字样填入珐琅彩，其余的表面则是整体以拉丝方式打磨，带来强烈的金属质感，与珐琅形成一刚一柔的对比。

最后一款珠宝表也不是寻常物，记得去年的那款用的是雪花式镶嵌，钻石大小不一，却一颗颗紧紧地挨着，我一直认为相比普通的镶嵌要美上不知多少呢。今年的新款更不得了，一颗颗方钻，像贴瓷砖一样堆砌在表壳上，不论是钻石数量，还是镶嵌方式，称得上是珠宝表极致的体现。

今年HUBLOT（宇舶）的两个大亮点，可以说都达到了极致。一款极致奢华，一款极致前卫。曾经的“100万美元”让我们见识到了HUBLOT（宇舶）打造奢华的能力，今年，橡胶表带变成了18K白金镶钻链带，价格直接翻了大约1.5倍，同样以这个价格作为表款的名字：200万欧元，也就是大约1800万人民币，一下就成为了今年全场的话题表。很多人都说这是今年最贵的一只表，我没有机会看完所有展表，不敢作出这样绝对的判断（因为去年最贵的表其实花落一家名不见经传的独立制表品牌），但我相信，也差不多了。甚至在历史中，这款表也能在镶钻最多、新表定价最贵的两项中排在前几名之列。你可以不认同这种简单的钻石累积，但你不能看不起这么一大堆总重超过140克拉的钻石。

极致的前卫说的是这款Key of Time，除了表壳形状以外，其他的都很HUBLOT（宇舶），包括它闻所未闻的功能——将时间变速。表壳的一侧有三个小窗口，分别标着“4 X SPEED”、“1/4 SPEED”和“TIME”，可以随意设定手表时间的速度快于或慢于正常时间的4倍。当然，这只是表面上的，机芯不会改变运转速度，当你调回“TIME”挡时，时间也会自动恢复正常。与其说是手表，不如说是“时间机器”。从表壳下面的那个独特的陀飞轮能看出，其机芯正是来自于那个“想得出，做得到”的团队。

200万欧元Big Bang

18K白金表壳，表壳镶嵌72颗方钻，重约20.85克拉，表圈镶嵌72颗方钻，重约11.14克拉，表把镶嵌24颗方钻以及1颗重1.02克拉的Rose-cut钻石，表盘镶嵌116颗方钻，重约8.87克拉，表盘两侧分列两个袖珍旺多姆广场圆柱，白金表链镶嵌353颗方钻，重约102.62克拉，钻石总重超过140克拉。Cal.HUB6003手动机芯，直径30mm、厚7.10mm，24石，148个零件，摆频每小时21,600次，120小时动力储存。限量1只。

MP-02 Key of Time

微喷砂钛金属表壳（黑色DLC涂层），黑色橡胶表带配微喷砂处理黑色陶瓷和黑色PVD 涂层不锈钢折叠扣。Cal.HUB9002手动机芯，尺寸40.20mm×40.10mm、厚9.30mm，74石，512个零件，摆频每小时21,600次，100小时动力储存。限量50只。

Big Bang All Black Carbon

黑色碳纤维表壳、表圈和表盘，直径44.5mm，黑色PVD涂层不锈钢表把、按钮和表扣，黑色短吻鳄鱼皮内衬黑色天然橡胶表带。Cal.HUB4100自动机芯，28石，252个零件，黑色钌涂层碳化钨摆陀，42小时动力储存。

King Power 大教堂三问陀飞轮计时

黑色碳纤维表壳，直径48mm，黑色PVD涂层钛金属表把，黑色短吻鳄鱼皮内衬黑色天然橡胶表带，Cal.HUB8100手动机芯，37石，404个零件，摆频每小时21,600次，120小时动力储存。

不知从何时开始，黑色瞬间风靡整个制表业。黑色的陶瓷，黑色镀层的不锈钢或者钛合金，几乎每个品牌都能找到几款黑色的表款。个别死守阵地的，表主可能还会自己找专业的公司把表改装成黑色。更有趣的是这种改装表在拍卖会上的认可度还是挺高的。黑色对于**HUBLOT**（宇舶）来说绝对不稀奇，这页的两款表的特点在于这是品牌第一次以黑色碳纤维制作表壳。其中一款为比较常规的计时表，除了碳纤维表壳之外，表盘同样如是。另一款则让人有点恋想不到的复杂，三问、陀飞轮及单按钮计时。能给如此复杂而传统的功能披上如此前卫而炫酷外表的，除**HUBLOT**（宇舶）之外，很少。或许是因为前卫已经成为它的**DNA**，遇到这种高复杂功能的话，就必须更加前卫才对得起它。

Big Bang Black Caviar
黑色陶瓷表壳，直径41mm，黑色陶瓷表盘，黑色橡胶表带搭配黑色PVD折叠扣，Cal.HUB1112自动机芯，42小时动力储存。

Big Bang White Caviar
白色陶瓷表壳，直径41mm，白色陶瓷表盘，白色鳄鱼皮衬白色橡胶表带搭配折叠扣，Cal.HUB1112自动机芯，42小时动力储存。

Classic Fusion Chrono
18K红金表壳，直径45mm，黑色鳄鱼皮内衬黑色橡胶带搭配18K红金折叠扣，Cal.HUB1143自动机芯，42小时动力储存。

Classic Fusion Silverstone
18K红金表壳，直径45mm，黑色鳄鱼皮内衬黑色橡胶带搭配18K红金折叠扣，Cal.HUB1112自动机芯，42小时动力储存。

在巴塞尔展馆旁边的一个酒店大堂中，常年摆着一个大大的HUBLOT（宇舶）手表模型，与现在的表款相比，造型斯文多了。今年HUBLOT（宇舶）再次打造了那个斯文的表款，有大三针和计时两款，具有18K红金和钛金属两种材质，搭配皮带或链带。整体采用金属材质，再加上品牌专有的表壳，显得很精致。其实这款表的历史并不长，现在看依然比较现代，只是对于HUBLOT（宇舶）自己来说，这是复古的，怀旧的。

最后两款的陶瓷表壳别具特色，灵感来自于之前“100万美元”那款表，按照钻石的大小，在陶瓷表壳上雕刻出一条条凹槽，模仿镶满方钻的表面效果，其中也包括陶瓷制作的表冠。新款配有纯白或纯黑两款，表壳直径只有41mm，白色的或许只能供女性专享，黑色的则可以男女共用。

JAEGER-LECOULTRE

積家

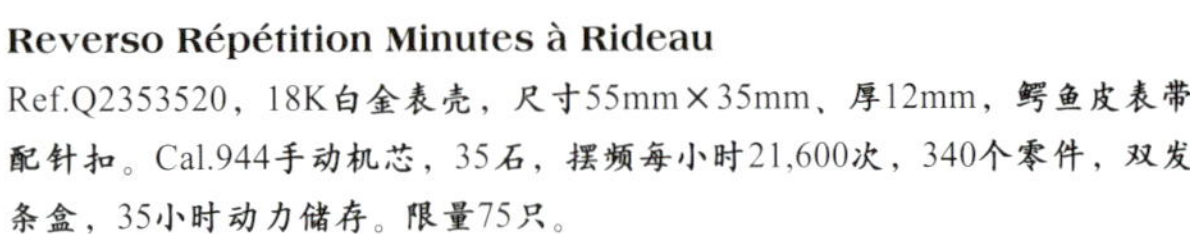

Reverso Répétition Minutes à Rideau

Ref.Q2353520，18K白金表壳，尺寸55mm×35mm、厚12mm，鳄鱼皮表带配针扣。Cal.944手动机芯，35石，摆频每小时21,600次，340个零件，双发条盒，35小时动力储存。限量75只。

Reverso 60周年的时候，推出了6款一套的纪念表款，分别配置了三问、陀飞轮、万年历、计时、两地时功能以及一只手动上链的常规款。这一套给我的印象颇深，至今记忆犹新。时间过得真快，今年Reverso到了80大寿，没有点重量级的东西贺寿是说不过去的。JAEGER-LECOULTRE（积家）的实力雄厚，做点复杂的东西不在话下。今年为80大寿而特别准备的重器就是这款可称为“幕帘三问”的作品。

说起来积家并不是第一次做这种“幕帘”了，只不过上一次是在表壳内，与微绘珐琅表盘做了一次配合。这次则是在表壳外，用手可以直接触碰得到的。记得看过积家的一部宣传片，里面讲解的是表厂的表壳设计师、表盘设计师以及机芯设计师一同合作开发新表款的过程。这款“幕帘三问”则更要求表壳与机芯之间的紧密配合。这个“幕帘”可不简单，由16块白金板构成，每条仅宽2.34mm。滑动即可启动机芯的三问报时功能。在表壳侧面有两个方形小牙齿——三问功能的开关，关闭之后即便滑动门帘也不会启动三问了。两面的表盘都配有时、分指针，如同Duo Face，不同的是，从这两面的表都可以看到机芯，一面古典，如同超薄手动机芯一般，另一面则可直接看到三问部件的全貌，有着令人眼花缭乱的复杂，同时机芯装饰风格也很现代。三问的音簧也用的是2007年的新款，神秘合金制作，截面为方形，敲击面积更大，声音更好。

Grande Reverso Duo Face
不锈钢钢或18K红金表壳，尺寸48.5mm×30mm，鳄鱼皮表带配折叠扣，Cal.986手动机芯，厚4.15mm，摆频每小时28,800次，48小时动力储存。

Grande Reverso Email
18K红金表壳，尺寸48.5mm×30mm，珐琅表盘，鳄鱼皮表带配针扣。Cal.822手动机芯，21石，摆频每小时21,600次，45小时动力储存。限量200只。

Grande Reverso Ultra Thin Tribute to 1931
不锈钢或者18K红金表壳，尺寸46mm×27.5mm，鳄鱼皮表带配针扣。Cal.822手动机芯，厚2.94mm，21石，摆频每小时21,600次，134个零件，45小时动力储存。不锈钢限量888只，红金款限量388只。另有Grande Reverso Ultra Thin，常规Logo，非限量款。

80周年，除了三问之外，其他的基本是走经典古雅的线路。有两款格外古雅经典，其中之一是复刻，盘面简约得不得了，只保留了Reverso字样，下面也是只有Swiss，不带Made了。它就像一张保存完美的老照片，刻度、logo、指针……真的很漂亮，并且不大，戴着它，遥望日内瓦湖方向，好像我也曾经来过这里。虽然也有红金款，但是和不锈钢那种淡定的味道比起来过于奢华了。另一款为珐琅表盘，其表盘样式和字体都是Reverso曾经有过的，只是换成了珐琅之后，我莫名地想起了启功，很文人。

前两款均为限量，非限量的表款中有两款Grande Reverso，其一是超薄，今年在SIHH似乎真的很流行超薄，蓝气球做了超薄，Reverso也有了。采用翻转结构的表壳整体只有7.2mm，而正面看去则足够气派。另一款的功能多些，正面带有小秒盘和日历显示，背面则是另一面表盘，显示第二时区时间。一个机芯，两面表盘，两个时间，这就是专属于Reverso的创意。

Memovox Tribute to Deep Sea

不锈钢表壳，直径40.5mm，鳄鱼皮表带配针扣。Cal.956自动机芯，23石，厚7.45mm，摆频每小时28,800次，268个零件，45小时动力储存。欧洲版限量959只，美国版限量359只。

Master Geographic

不锈钢或者18K红金表壳，直径39mm，鳄鱼皮表带配折叠扣。Cal.939自动机芯，34石，摆频每小时28,800次，310个零件，43小时动力储存。

以上表款，应该是您在各媒体都经常看到的，今年Reverso对于JAEGER-LECOULTRE（积家）是重中之重，老寿星当然要上上座了。但是Master系列也没停，并且很精彩，我们由俭入奢来看。

要说真正的新款，应该就是这两款，下一页的都是在原作的基础上再奢华一点，再美一点。这两款也都比较能代表JAEGER-LECOULTRE（积家）的专长。其一是响闹。相当复古的设计，很古雅。命名Memovox Tribute to Deep Sea是因为这是该牌第一只潜水表。2008年SIHH时曾经推出过类似的复古表，不过年份靠后一些，分别是Memovox Tribute to Polaris 1965、1968。这一次推的更古，直接是1959 了。另外，很有趣的是，它的做法与之前很不同，做了两个版本，针对不同市场。欧洲版的表盘是黑色哑光的，而美版则是灰加白。

JAEGER-LECOULTRE（积家）的世界时，中文又叫地理学家。记得当年北京的第一家专卖店，入口位置常年都是地理学家的大幅海报，从没换过。那个年代的地理学家，是很经典的，功能看起来复杂，用起来则是非常简便，在二手市场中也保持着绝高的江湖地位。后来，地理学家不再那么Master了，越来越丧失了朴实的特点。比如加大加厚，比如盘面显示变得更加凌乱一些……2011年，君子归来，用新型的Master 表壳，与之前的作品相比较，更为浑厚一些。盘面做得极为简约、干净，在盘面的布局，视觉上口径也比之前的大了一圈。怎么说呢，这是我美好记忆中的JAEGER-LECOULTRE（积家）。

Master Grande Tradition à Repetition Minutes & 珐琅三问
铂金表壳，直径44mm，鳄鱼皮表带配折叠扣。Cal.947手动机芯，43石，413个零件，摆频每小时21,600次，15天动力储存。

Master Grande Tradition Grande Complication
18K白金镶钻表壳，直径44mm、厚15.6mm。Cal.945手动机芯，超过500个零件，49石，摆频每小时28,800次，48小时动力储存，硅擒纵，机芯厚12.62mm。限量8只。

Master Grande Tradition Tourbillon
18k白金表壳，直径40mm，珍珠贝母表盘，钻石，重约14.5克拉。Cal.978自动机芯。

Master Grande Master Gyrotourbillon 1
铂金表壳，镶嵌方钻，直径46mm，鳄鱼皮表带配折叠扣。Cal.177手动机芯，厚10.84mm，117石，679个零件，摆频每小时21,600次，双发条盒，8天动力储存。限量3只。

JAEGER-LECOULTRE（积家）的Fans中，豪客不少，我曾经就见过一位，那还是在六七年前，几百万的大钻表说买就买了，真是豪气万千呢！所以听说有些豪客们给JAEGER-LECOULTRE（积家）提过意见，希望更复杂，希望量更少，希望更贵。那么此页的表一出，豪客们应该会收声了。三种陀飞轮：公转陀飞轮、球形陀飞轮以及一款常规的陀飞轮，都披上了华丽丽的钻石外衣，并且还是很大颗的方钻。针对文人墨客还有珐琅三问，绝对是超级罕有的版本。

JAEGER-LECOULTRE（积家）做珐琅绝对是行业中的高手，并且多采用微绘的方式。今年在这其中有一幅山水画图案的。山水画入珐琅盘，好像非常罕见，这么复杂的珐琅极有可能是孤本制作。我建议JAEGER-LECOULTRE（积家）看看贾又福的作品，他的泼墨山水更容易搞上去。其实什么动力显示、扭矩显示还有那俩锤子，我觉得都可以不要，珐琅表盘，干干净净的图案画面多好。买这种档次的表谁会一直戴上15天？谁又会在乎能不能看到那两个锤子？

J·D

JAQUET DROZ

SWISS WATCHMAKER SINCE 1738

雅克德罗

Petite Heure Minute Relief

18K红金表壳，直径41mm，黑色缟玛瑙表盘，金雕小鸟或珍珠贝母表盘配彩绘珐琅金雕小鸟，缎带配红金针扣。Cal.2653自动机芯，28石，摆频每小时28,800次，68小时动力储存，22K白金摆陀。另有白金镶钻的版本。每款限量8只。

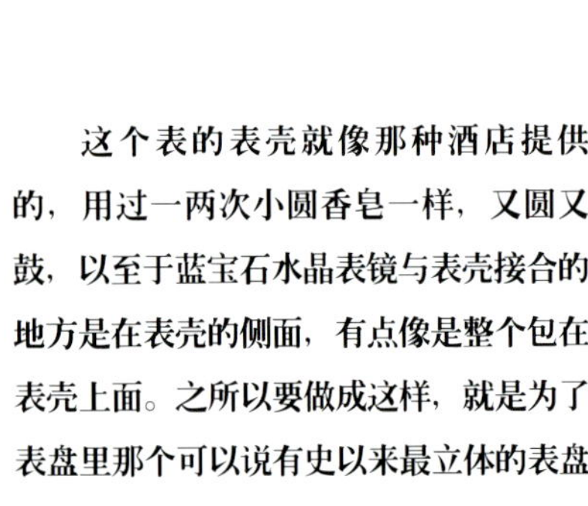

这个表的表壳就像那种酒店提供的，用过一两次小圆香皂一样，又圆又鼓，以至于蓝宝石水晶表镜与表壳接合的地方是在表壳的侧面，有点像是整个包在表壳上面。之所以要做成这样，就是为了表盘里那个可以说有史以来最立体的表盘装饰。这种金雕工艺品，在欧洲许多跳蚤市场内都能见到，当然，尽管是跳蚤市场，很多东西也是价格不菲的，就像北京的潘家园。这款表上的金雕装饰，或许也可以列为微雕的范畴，应了那句话：麻雀虽小，五脏俱全。各个细节的展现还是很到位的。JAQUET DROZ（雅克德罗）对其的定位是女装表，但直径有41mm，我觉得男人戴也没问题，尤其是黑色高玛瑙表盘的那只。说是金雕其实不只如此，另外还有两款珐琅上色的，确实是非常艺术。说一句内心的、但一定会挨板砖的话：世界上绝大多数艺术不是叫女人懂得欣赏的，而是叫女人装作懂得欣赏的。

Petite Heure Minute
18K红金表壳，直径43mm，微绘珐琅表盘，鳄鱼皮表带配红金针扣。Cal.2653自动机芯，28石，摆频每小时28,800次，68小时动力储存，22K白金摆陀。每款限量8只。

继续介绍几款艺术类的表。与大多数珐琅表不同，这一组的珐琅特别有中国书画的意境。记得我还沉迷绘画的年代，一个科班出身的兄弟指着毕加索画册里一张极为简约的、作者第三任情妇的速写对我说：看，这就是登峰造极的素描。那是毕加索晚年作品，寥寥几笔又博大精深。一个貌似极为简约的东西，往往需要深厚的功力才能很好地表达。做到Less is more、远远比说出这句话要难得多得多。JAQUET DROZ（雅克德罗）“白描”珐琅表盘，盘面指示和珐琅图案两不耽误，各在各自的位置上，很有中国工笔的感觉，留白也挺有意境。虽然颜色上比较单一，但今年作品里我还是很喜欢那几只鸟的图案，加上表盘的话，有种明月枝头的感觉。

Petite Heure Minute Paillon

18K白金或者红金表壳，直径43mm，珐琅表盘，鳄鱼皮表带配针扣。Cal.2653自动机芯，28石，摆频每小时28,800次，68小时动力储存，22K白金摆陀。限量发售。

这页的一组属于**JAQUET DROZ**（雅克德罗）**Majestic Beijing**系列，在品牌的产品划分中，采用了几个城市作为系列名称，比如北京、日内瓦、巴黎、伦敦。每个系列中的表款特色都很鲜明，是品牌对这个城市文化理解的一种诠释。这组表的表盘一眼便能感受到雕梁画栋似的奢华，一派皇室的华美气息。特别深红色的款式，我的第一眼感觉就是：这表太喜庆了！如果是在大婚之日两人戴上这么一对，比那些黄灿灿的金饰可雅气多了。

Grande Seconde Quantieme

不锈钢表壳，直径43mm，鳄鱼皮表带配折叠扣。Cal.2660Q2自动机芯，30石，摆频每小时28,800次，68小时动力储存，22K黄金摆陀。

Tourbillon

18K白金表壳，直径43mm，鳄鱼皮表带配白金折叠扣。Cal.25JD自动机芯，31石，蓝宝石水晶陀飞轮框架，7天动力储存，18K金摆陀。

相信很多买JAQUET DROZ（雅克德罗）的人并不会在意它的机芯如何，近乎完美的表盘工艺就足够迷人了。事实上，JAQUET DROZ（雅克德罗）的机芯也够优秀，是来自于兄弟品牌中很高级的一位。这款也是，12时位的陀飞轮原本是有个小鸟形的框架，在这里则改成了上下两片水晶夹板，并加上了秒针，最后，还不忘在水晶夹板上装饰一个8字形的图案，使之变得更加JAQUET DROZ（雅克德罗）了。在灰色表盘的款式中，两个刻度圈也同样为水晶制作。水晶玻璃这种东西做在表盘上，很多时候就像一个人戴上一副眼镜，就算它们本身毫无功能意义纯粹出于一种装饰的需要，也会使得表或人看起来显得文雅、有气质了不少。另有白色珐琅盘的版本，则无需那个8 字形蓝宝石水晶玻璃的续貂了。翻到表背可以看到，摆陀也经过艺术处理，贴了块黑色缟玛瑙。

第二款功能比较简单的，也用上了新式工艺，刻度不是印刷的，是一种蚀刻的方法，所以那些刻度等等不再是一种光滑的表面，而是略微地带有一种——烧伤的质感——有些雕琢的痕迹，多了别样的沧桑感。秒针也日历的那个圆盘，还做了下陷的处理，一共三层，细节之处，非常精到。另外还有白色表盘的款式，只是刻度不是蚀刻的。虽然all black的看起来更美，但如果视力不到1.5，还是选银色刻度那一种比较实际和保险。

JEANRICHARD

去年10月底，突然得知Luigi Macaluso辞世的消息，心里说不出来的滋味。60出头的年纪，应该是将一生所积累的精华发挥出来的时候，他却早早走了。对于他本人，我是非常非常敬仰，他不只是Sowind集团（芝柏和尚维沙）的主席，更是常年担当意大利汽车运动联合会的主席，是最忠实的法拉利车迷，以意大利在当今世界汽车运动界的地位来说他无疑是最有话语权的，也就是经常为法拉利车队撑腰而敢于与整个国际汽车运动联合会对抗的那个牛人。另外，他本人，也是一位赛车好手。他的人生足够精彩，生活理应如此。

不知是否是为了缅怀这位已故的总裁，JEANRICHARD（尚维沙）今年的新款中再次推出了Highlands系列，这正是Macaluso生前所设计的一个表款。表壳外观足够醒目，表现了贴近自然、简单生活的户外精神。帆布表带不失为它的绝配。

另一款与之造型相仿的名为Aquascope Lady Night，沿用了Highlands的表壳造型，只是在9时位增加了一个表冠，用以调校双向潜水计时外圈。其表壳尺寸与Highlands相同，但在设计上则通过钻石刻度、绢制作表带突出了女性特质。另有一款纯美白色的Lady Day。

Highlands "Sand"

不锈钢表壳，尺寸44.50mm×40mm、厚11.96mm，提供小牛皮和帆布两种表带。Cal.JR1000自动机芯，27石，摆频每小时28,800次，48小时动力储存。

Aquascope Lady Night & Day

不锈钢表壳，尺寸44.50mm×40mm、厚11.85mm，白色款为珍珠贝母表盘，织物表带配不锈钢折叠扣。Cal.JR1000自动机芯，27石，摆频每小时28,800次，48小时动力储存。

Bressel Hommage "Daniel"

18K红金表壳，直径38mm、厚9.30mm，鳄鱼皮表带配红金针扣。Cal. JR1000自动机芯，27石，摆频每小时28,800次，48小时动力储存。

这是一款永远不会过时的设计，品牌新闻稿说它的设计是来源于怀表。可这种传统的设计又有多少不是呢？干净的白色表盘，古典的罗马数字刻度，再加上优雅的蓝港指针，绝对是人见人爱。内部搭载自产的Cal. JR1000自动机芯，简洁精致的表壳还是18K金材质的，是可以送给心上人，让他（她）一直一直戴下去的表，38mm的大小也男女皆宜。另有表圈镶钻的款式。

Bressel 1665

不锈钢表壳，直径38mm、厚10.75mm，鳄鱼皮表带配不锈钢针扣。Cal.JR1040自动机芯，29石，摆频每小时28,800次，48小时动力储存。

如果希望有些设计感，这款表便是不错的选择，机芯以Cal.JR1000为基础，并加以改进，每个指针似乎都相互独立，均匀地分布于表盘各处，除此之外，便是一片雪白，再无多余的点缀，显得格外优雅、纯净。同样有为喜欢钻石的女性备有镶钻款。

MAURICE LACROIX

Manufacture Horlogère Suisse

艾美

Masterpiece Calendrier Rétrograde

不锈钢表壳，直径43mm，鳄鱼皮表带配折叠扣。Cal.ML190自动机芯，直径37.2mm，57石，摆频每小时18,000次，52小时动力储存。

Masterpiece Double Rétrograde

18K红金表壳，直径46mm，深蓝色表盘，鳄鱼皮表带配红金扣。Cal.ML191自动机芯，直径37.2mm，74石，摆频每小时18,000次，52小时动力储存。限量50只。

MAURICE LACROIX（艾美）的Masterpiece曾经一度销售非常好，不能说一货难求，但起码占据市场很大份额。近些年，却一直是不温不火，款式以及定价，都是很大的问题。今年的新款，以卖相来说，我认为还是不错的。款式脱胎于MAURICE LACROIX（艾美）曾经招牌式的“回拨”，也就是回跳指针的表款，但外观设计不像曾经那般古典，透着现代设计的简洁和精致。特别是中心的分针，与齿轮轴连接的部分并不是穿透的设计，很特别。

另一款双回拨也很绚丽，红金搭配蓝面，是极为精彩的搭配。日期与12小时GMT功能双回拨，盘面布局也相当精彩。

Masterpiece Roue Carrée Seconde
不锈钢表壳，直径43mm，鳄鱼皮表带配折叠扣。Cal.ML156手动机芯，34石，摆频每小时18,000次，45小时动力储存。

Pontos Décentrique Phases de Lune
不锈钢表壳，直径43mm，鳄鱼皮表带配折叠扣，Cal.122-10自动机芯，34石，摆频每小时28,800次，38小时动力储存。

MAURICE LACROIX（艾美）去年就推出了这个专利系统，叫square wheel and cloverleaf，简单地说，就是人家的齿轮都是圆形的，它们做了方形的齿轮。去年博得很多媒体的眼球，好像唯独我们选择了失声。在盘面上，大家可以看到这种构图，6时位置的方形齿轮，露出的那个三角形，指示着秒，作秒针用途。说白了，它就是个小三针，带动力储存。去年的则是规范指针的布局，方形齿轮作为小时显示之用。相比之下作为小秒针当然转得更快，搭配这种奇异形状的齿轮，观赏性更强了。灰色金属质感的表盘实际是机芯的基板，只是隐藏得很好，甚至都看不到齿轮轴眼。

另一款似乎具有相同的气质，但却是两个系列，这个偏心表盘的款式来自于Pontos系列。如果记不住系列中的款式的话，很容易弄混，有个小窍门，就是表冠的形状，Masterpiece现在的表冠都是有点锥形的样式，Pontos的表冠则更坚实一些。这款偏心月相的设计是很令品牌自豪的，事实上也确实，不规则的设计看起来确实有令人很舒服的感觉。**MAURICE LACROIX**（艾美）曾经与各个艺术家联手，按照他们天马行空的创意打造这款表的外观，包括颜色、材质等，每一款都令人耳目一新，非常特别。今年这款采用灰色表盘，表面通过放射状纹理打磨，金属感很强。

MOVADO

Red Label Calendomatic with Small Seconds
PVD涂层不锈钢表壳，直径42mm，鳄鱼皮表带配不锈钢折叠扣。ETA2895-2自动机芯，27石。

MOVADO（摩凡陀）**2011**年的特点就是一个字：黑。艺术家系列的不是每年都有，所以超级好玩的表盘今年是看不到了。其余的系列，多数都是**PVD**涂层表壳，像这一款“红标”，强烈的黑白对比，加上一点点红，绝对时尚。

Sapphire Synergy Chronograph
PVD涂层不锈钢表壳，直径42mm，橡胶表带配不锈钢折叠扣。石英机芯。

Se Extreme Texalium
黑色PVD涂层不锈钢表壳搭配碳纤维材料，直径44mm，橡胶表带配不锈钢折叠扣。自动机芯，25石，38小时动力储存。

另一只计时款不光是黑的，而且还很有造型。造型相当简约，很多的直线条，相当硬朗。不知为什么，这让我想起了时下非常火的一个品牌——Apple,虽然两个品牌定位不同，但似乎他们对于时尚的理解有点所见略同。

MOVADO（摩凡陀）经典的表盘设计伸缩性可谓是很强，搭配Extreme风格也是很协调的。只是，现在好多好多Extreme的先锋们都不干这件事儿了，**MOVADO**（摩凡陀）怎么忽然捡起来了呢？后Extreme 时代？**Se Extreme Texalium**无论是气质还是造型，使我想起了另外一个材料狂人，叫**HUBLOT**（宇舶）。

Tangomat GMT
——汇聚全球目光

Tangomat GMT
机芯：ξ (xi) —— 自制自动机芯，带世界时间显示功能
表壳：不锈钢，五件式结构；直径 40mm；弧面蓝宝石水晶表镜；蓝宝石水晶透底；
厚度：10.85 mm
表盘：白色镀银表盘，九点位置显示第二时区城市名称，带有 24 小时日夜显示功能
指针：回火蓝钢
防水：30 米
表带：顶级科尔多瓦马皮表带（Horween Shell Cordovan）
型号：635

Tangomat GMT 腕表，献给空中飞人、旅行家，还有那些亲友远在他乡和钟爱精练简约之物的人们：NOMOS 推出的 Tangomat GMT 表款以机场代码来区分不同时区。经常旅行的人必定熟知大型机场的代码，另外，机票和行李标签上也会显示相应代码。

新款 Tangomat GMT 的显示视窗并未显示城市全称，而是以简短的缩写来代替。因此，这款腕表的原型——NOMOS 经典款 Tangomat 腕表才得以保持其独有的精简表面，即使是带第二时区时间显示功能的表款也同样如此。而 Tangomat 腕表素以“寓丰富于简约”的设计理念而著称，所以增添这样一项全新功能对此款腕表而言着实是一项挑战。

更令人叫绝的是，这枚作品是 NOMOS 表厂的制表师、设计师及去年 150 名试用者共同精雕细琢的结晶。九点位置的视窗显示的是佩戴者当前所在地的时区。三点位置设有带 24 小时显示的小型时间刻盘，旁边的红色小箭头指向家乡时间。这款腕表即将上架发售。专为追求舒适感受、精美外观和简约风格之人而打造。从此摆脱计算时差之扰！按住按钮，直至九点位置的视窗显示正确的时区，指针指向的时间即为当地时间。

LON、BER、TYO、HKG、MOW 及 NYC 等都是这款腕表上相应时区的缩写。但是，三点位置的指示器显示的时区不会改变，始终准确显示家乡时间，这样您就知道打电话时该说“早安”还是“晚安”，或者您的电话是否会惊扰同事的睡梦。

缩写：LON 伦敦 / BER 柏林 /ATH 雅典 /MOW 莫斯科 DXB 迪拜 / KHI 卡拉奇 /DAC 达卡 /BKK 曼谷 /HKG 中国香港 /TYO 东京 /SYD 悉尼 /NOU 努美阿 /AKL 奥克兰 /APW 萨摩亚群岛 /HNL 火奴鲁鲁 /ANC 阿拉斯加 /LAX 洛杉矶 / DEN 丹佛 /MEX 墨西哥城 /NYC 纽约 /SCL 智利圣地亚哥 / RIO 里约热内卢 /FEN 费尔南多——迪诺罗尼亚 /PDL 蓬塔德尔加达

Tangomat GMT

以最美的笔触描绘世界
——Zürich Weltzeit 腕表

Zürich Weltzeit

机芯：ξ (xi)——自制自动机芯，带世界时间显示功能，钨金材质

表壳：不锈钢，十件式结构；直径 39.9 mm；弧面蓝宝石水晶表镜，有涂层；蓝宝石水晶透底；厚度 10.85 mm

表盘：白色镀银表盘；带世界时间及 24 小时日夜显示功能

指针：黄铜、镀铑、立体打磨

防水：30 米

表带：顶级科尔多瓦马皮表带（Horween Shell Cordovan）

型号：805

手腕上的世界：Zürich Weltzeit 腕表是 NOMOS 呈献给世人的一大惊喜，只消一瞥，全球各地的时间便能一览无余。

其设计也体现了更加广阔的的全球视野：极少有一款时计能如 Zürich Weltzeit 一般混合使用多种语言。该款腕表表盘右侧的“Heimat”——对于一款着眼于世界的腕表来说，采用这个德语单词难免有背道而驰之嫌。但这一设计不仅体现了浓厚的德国风情，而且又能为其他许多国家所理解，也令佩戴者感觉自己颇有“NOMOS 风格”。不管腕表的佩戴者身处何地，“Heimat”指示器始终显示佩戴者的家乡时间，这样您就能随时知悉总部的会议是否已经开始、能否联系到供应商以及爱人是否已经入睡。

Zürich Weltzeit

机芯内置的 24 小时刻度转盘是令这一切化为现实的幕后功臣。它与精美的指针相辅相成、完美互补。

拥有这款腕表，您不仅能时刻与家乡遥遥相系，还能做一回“懒人”，因为您不必再费神计算时间。只需反复按动按钮，直至十二点位置显示正确的地名，您就能迅速定位全球的任意时区。此时，指针指示的读数就是该时区的时间。此款腕表的研发工作耗时两年，新增 23 个全新的精密部件，并经过旷日持久的缜密设计，最终才得以打造完成。腕表表壳完全沿用了瑞士杰出设计师 Hannes Wettstein 的原款设计，其构造与 Zürich 及 Zürich Datum 等表款基本相同。Zürich Weltzeit 所搭载的自制自动机芯以及表盘皆由 NOMOS 表厂专为其量身打造而成。

2010 年年末，对该款腕表的限量款式的进行广泛的测试宣告了这枚新作研发工作的最终完结。测试后，少数技术和光学细节还经过修改，例如用以润滑机芯的油脂。

而 Zürich Weltzeit 的理念成果显著：佩戴者无需再苦苦解读复杂繁琐的指示器，也不必久久研读深奥难解的说明书，更不会在一次又一次设置失败时品尝失望的滋味。表壳上一个简单的按钮、一个小型时间刻度盘及表盘上的地名就足以为您带来优雅而又简单的美妙旅程——身可至之，心可往之。

售后服务中心

城市	地址	联系电话
上海市	延安东路618号东海商业中心16楼捷成贸易（中国）有限公司上海分公司	+86/021 3420 4958

营销网点

城市	地址	联系电话
北京市	东城区王府井大街138号新东安商场1层148铺名表城	+86/010 6528 0390
上海市	南京西路2-88号新世界百货1层名表城	+86/136 517 32138
	南京西路1117-1127号名表城	+86/021 5228 7098
鞍山市	铁东区二一九路47甲1号鞍山慧通瑞士表店	+86/0412 228 0059
	铁东区胜利南路42号大商新玛特市府店1层	+86/0412 712 0059
成都市	正科甲巷46号科甲大厦1701室名表城	+86/137 080 84117
大连市	中山区七一街1号友谊商城写字楼1005-1007号	+86/135 007 59053
	中山区青三街1号新玛特购物广场1层	+86/0411 8367 8957
哈尔滨市	道里区红霞街3号盛时钟表	+86/0451 8464 8810
昆明市	白塔路90号昆明金格百货	+86/0871 312 8608
沈阳市	和平区中山路70号沈阳大公名表中心	+86/024 3187 1818
	和平区中华路63号欧亚联营1层大公名表	+86/024 2328 6143
苏州市	邵磨针巷路88号苏州世家钟表专卖店	+86/139 155 30370
长春市	朝阳区建和胡同79号长春中孚世界名表珠宝行	+86/0431 8896 0033
重庆市	渝中区民族路166号王府井百货1层名表城	+86/023 6380 0783

营销网点

城市	地址
北京市	亮马桥路52号燕莎友谊商城
	海淀区远大路1号燕莎友谊商城金源店
	西城区北大街120号西单商场1层亨吉利世界名表中心
	朝阳区朝阳公园西路1号SOLANA美瑞百货1层亨吉利世界名表中心
	东城区王府井大街138号新东安商场1层148铺北京冠亚名表城
	朝阳区朝外大街8号蓝岛大厦东区1层亨吉利世界名表中心
上海市	南京东路635号上海永安百货亨吉利世界名表中心
	静安区南京西路1618号久光城市广场1层S102-S103号东方表行
	浦东新区陆家嘴西路168号1楼GF01B
	南京西路1117-1127号名表城上海中安店
	南汇区周浦镇沪南公路3459号上海万千百货1楼亨吉利世界名表中心
	南京西路2-88号新世界百货1层冠亚名表城
鞍山市	铁东区二一九路47甲1号鞍山慧通瑞士表店
	铁东区胜利南路42号大商新玛特市府店1层
宝鸡市	经二路154号开元商城1层亨吉利世界名表中心
成都市	正科甲巷46号科甲大厦1701室冠博名表
大连市	中山区七一街1号友谊商城写字楼1005-1007号大连锦华百年城店
	中山区青三街1号新玛特购物广场1层
大庆市	东风新村纬二路39号新玛特购物广场1层亨吉利世界名表中心
大同市	小南街5号丽盛名品广场亨吉利世界名表中心
丹东市	振兴区七经路四纬路59号丹东恒兴钟表珠宝金城
鄂尔多斯市	东胜区北国新天地1层爱国名表
福州市	鼓楼区八一七北路268号大洋晶典百货2层亨吉利世界名表中心
	台江区鳌峰路31号万达广场万千百货1层亨吉利世界名表中心
贵阳市	中华南路52号钻石广场
哈尔滨市	南岗区东大直街323-1号亨吉利世界名表中心
	香坊区赣水路68号万千百货1层亨吉利世界名表中心
	南岗区果戈里大街363-3号哈尔滨环宇钟表公司
海拉尔市	胜利大街5号华联商场1层钟表区
杭州市	平海路124号亨吉利世界名表中心
呼和浩特市	中山西路7号民族商场1层亨吉利世界名表中心
	新城区新华东街8号维多利国际广场1层名表厅
淮安市	翔宇东路161号万千百货1层亨吉利世界名表中心
吉林市	河南路251号东方商厦1层
济南市	市中区经四路5号万千百货1层
锦州市	凌河区解放路四段6号锦州市鑫海贝钟表
昆明市	青年路397号昆明邦克店1层亨吉利世界名表中心
	青年路3号金鹰购物中心1层亨吉利世界名表中心
	北京路985号昆明金格百货
	东风东路9号昆明金格中心
洛阳市	西工区中州中路429号王府井百货1层亨吉利世界名表中心
南昌市	西湖区中山路177号1层亨吉利世界名表中心
	八一大道357号财富广场1层亨吉利世界名表中心
	胜利路26号1层亨吉利世界名表中心
南京市	山西路1号苏宁银河国际购物中心亨吉利世界名表中心
	江东中路98号万千百货1层南京万千百货亨吉世界名表中心
南宁市	青秀区金湖路59号地王国际中心首层1层周大福钟表
南通市	人民中路9号侨鸿国际1层钟表区苏州新宇－南通侨鸿国际
宁波市	和义路79号亨吉利世界名表中心
	江东区中山东路301号新江厦1层钟表区
宁波市	江北区江北大道168号江北万达广场万千百货亨吉利世界名表中心
秦皇岛市	海港区文化路139号茂业商场1层沈阳大公名表
青岛市	香港中路38号
	台东三路74号
绍兴市	柯桥钱陶公路799号万达广场万千百货1层亨吉利名表中心
深圳市	宝安南路1881号华润中心万象城二期S145商铺
	福华三路星河国际天虹购物广场君尚百货1层亨吉利专柜
	海德三道与文心五路交汇处海岸城购物中心2-263号商铺
沈阳市	沈阳大公名表中心
	和平区中华路63号欧亚联营1层大公名表
	亨吉利世界名表中心-沈阳1928
	和平区南京南街2号新世界百货2F名表城专柜
	和平区和平南大街20号甲B-9楼沈阳恒隆中街店
石家庄市	中山东路326号先天下购物广场1层
苏州市	邵磨针巷路88号新宇-苏州世家钟表专卖店
太原市	府西街69号国贸商城亨吉利名表中心
天津市	和平区滨江道208号天津友谊新天地1层
温州市	鹿城区解放街137号温州钟表店
乌鲁木齐市	友好北路35号世纪金花1层亨吉利世界名表中心
无锡市	崇安区中山路531号红豆国际广场远东百货1层名表城
武汉市	中山大道756号大洋百货1层亨吉利世界名表中心
	解放大道686号世贸广场1层武汉世贸
	汉口解放大道1131号长江大酒店首层武汉新韵专卖店
	武昌区珞瑜路6号群光百货商场亨吉利世界名表中心
	江汉区唐家墩路5-1号万达广场万千百货1层亨吉利名表中心
西安市	南大街36号亨吉利世界名表中心
	东大街解放市场6号开元商城亨吉利世界名表中心
	高新科技产业开发区科技路55号西安世纪金花高新购物中心亨吉利世界名表中心
	南关正街88号美美长安国际1层亨吉利名表中心
	民乐园111号万达广场万千百货1层亨吉利世界名表中心
	南大街32号天阅酒店789号亨联达-西安世纪金花南大街店
徐州市	中山南路1号徐州中央百货大楼钟表黄金商场
烟台市	南大街166号烟台百盛购物中心
银川市	新华东街97号新华百货商店1层亨吉利世界名表中心
长春市	人民大街1881号长春百货大楼1层亨吉利世界名表中心
	朝阳区建和胡同79号长春中孚世界名表珠宝行
	朝阳区重庆路1234号亨吉利世界名表
镇江市	中山东路214号镇江百盛1层钟表区江苏镇江商业城
郑州市	紫荆山路商城路东北角裕鸿国际C座1208室
	金水花园路与丰产路交叉口郑州国贸中心
重庆市	江北区建新北路68号星光68广场L308铺
	南岸区江南大道8号万千百货1层亨吉利世界名表中心
	江北区新建北路10号北城天街新馆1F15英皇钟表珠宝
	美达实业-煌华商场

售后服务中心

城市	地址
上海市	延安东路618号东海商业中心16楼捷成（中国）贸易有限公司上海分公司
	雁荡路34号新宇钟表-上海钟表商店
深圳市	深南中路华润中心万象城145商铺亨吉利世界名表中心
西安市	南大街36号亨吉利世界名表中心
武汉市	武昌区珞瑜路6号群光百货商场1层亨吉利世界名表中心

佳茗(JASMINE)系列腕表

琵琶琤崆，蕾蒙威花园中一朵花苞初绽。作为瑞士制表品牌——蕾蒙威新款女士腕表系列，浓郁、柔美又雅致的“佳茗”（Jasmine）如花朵般娇艳盛放在女士腕间。

佳茗，这个来自遥远东方的名字，展现着佩戴者柔美的女性气息。无论您偏爱何种诠释——是中文名“佳茗”中“佳”字代表的美好，是印度花园中从晨曦便开始栽种茉莉的花仙子，亦或是印度教爱神 Kama 用来串连爱人心的那株柔软温和的荆棘—— 英文“jasmine”中所蕴含的芬芳早已不言而喻。

RAYMOND WEIL
GENEVE

全新佳茗 (Jasmine) 系列腕表继承了蕾蒙威的纯正传统，将品牌女士腕表之精华展现得淋漓尽致：圆形表壳设计柔美、线条流畅；表耳低调内敛地设于表圈两侧，融合在镶饰的钻石光芒之中；精致优雅的表链和谐自然地裹住手腕；表盘上饰有蓝色柳叶指针。融汇古今的佳茗 (Jasmine) 系列，将蕾蒙威女性的无穷魅力完美展现。

当然，蕾蒙威女性犹如花园中的花朵，色彩斑斓、各不相同。为此，全新的佳茗 (Jasmine) 系列也针对现代女性的不同需求提供多款不同版本的时计作品供选：自动或石英机芯、29 mm 或 35mm 两种表壳、镶钻或不镶钻、精钢或玫瑰金表壳。无论是东方还是西方女性，佳茗 (Jasmine) 都能令其眼前一亮。该系列的皮带版本则搭配玫瑰金表壳，加上熠熠生辉的钻石镶嵌，是伴您出席晚宴的不二之选。

佳茗 (Jasmine)，不仅仅是个象征，更是对全球女性的献礼！

www. raymond-weil.com

蕾蒙威经典大师月相腕表

MAESTRO PHASE de Lune

正如月亮每 28 天绕地球一圈，新款经典大师月相腕表（maestro Phase de Lune）将 365 天地环绕您的腕间。作为诞生于 2010 年的经典大师系列中的一员，这款新型腕表是蕾蒙威旗下首款采用机械机芯、并配备月相功能的腕表。

意大利语“Maestro”指艺术生涯达到顶峰的大师。其中最为卓越的代表是列奥纳多 · 达 · 芬奇，他创作了经典名画《维特鲁威人》，其比例完美再现了黄金分割法则。与之相同的是，全新经典大师月相腕表是蕾蒙威将传统与创意在卓绝精品中有机相融的又一典范。

稳重、细腻的线条，深邃的黑色表盘隐约透出一丝宝蓝，纯白雅致的指针与时标，堪称完美至极。

调节月相与日历显示的按钮被巧妙地安置于表壳上——分别位于 6 点与 12 点位置的两个表耳之间。而这匠心独具的设计是否也曾闪现于列奥纳多 · 达 · 芬奇先生的脑海中？

这款经典大师月相腕表采用圆形表壳，直径达到 39.5mm，日历显示位于 6 点位置，而月相显示盘则被安置于 10 点至 11 点之间，仿如注视着其未来的主人。相信这枚腕表势必会成为今年的大热作品。

经典大师月相腕表搭载 RW4500 自动机芯，动力储备达 38 小时，超过地球自转时间。凭借这款全新作品，蕾蒙威再次证明其在制表界当之无愧的潮流引导者地位！

www. raymond-weil.com

Ω

OMEGA

去年巴塞尔表展结束后，我曾经在一篇文章中写过这样一段话："如今，OMEGA（欧米茄）自产机芯已经覆盖到了所有非计时表款，十分期待看到首枚自产计时机芯的推出，并应用到超霸系列的表款中，相信OMEGA（欧米茄）不会让我们等太久。"果不其然，全新的Cal.9300/9301计时机芯如"期"而至（这个期是指期待），并且搭载这款机芯的主打表款正是超霸系列，心里不由地有些小激动，不是因为我在一年前准确的预言，而是因为这个曾经无比辉煌的品牌终于找回了应属于它的那份荣耀。如今可以这么说，只要OMEGA（欧米茄）愿意，就可以在所有表款中搭载独立的自产机芯。当然，相信大家也很希望继续看到搭载LEMANIA超薄表款，毕竟这是历史，是无比辉煌的，是不可磨灭的一段历史。

言归正传，这款机芯继承了第一代自产机芯Cal.8500的外观特点，也可以说以Cal.8500作为最原始的基础，加上计时组件改装而成。Cal.9300与Cal.9301两款的区别也与之前一样——Cal.9301采用了18K红金材质的摆陀及摆轮夹板。机芯的装饰性打磨名为"阿拉伯式日内瓦条纹"，品牌特征十分明显。机芯尺寸够大，虽没有具体参数，但从它装在表里的样子也可见一斑了。在计时组件中，采用了现代的垂直离合系统和高级的导柱轮装置，似乎已经成为如今高档计时机芯的一对黄金组合。从机芯的分解图中惊奇地发现，OMEGA（欧米茄）的独门秘籍——同轴擒纵系统再次变体，如果单独将擒纵轮取出的话，你一定想不到这是个什么零件。不过有理由相信，同轴擒纵在经过这么长时间的不断演进发展，这个擒纵轮尽管看起来怪怪的，但它不是一蹴而就，性能方面是值得信赖的。除此之外，这款机芯还有另一个亮点，我们说到表时再提。

对于这样一款机芯，我想是值得用一大篇幅详细展示的，对机械结构感兴趣的读者，可以从下一页详尽的图片中细细品味。

Cal.9300/9301，来的是如此的顺理成章，不早不晚，恰到好处！

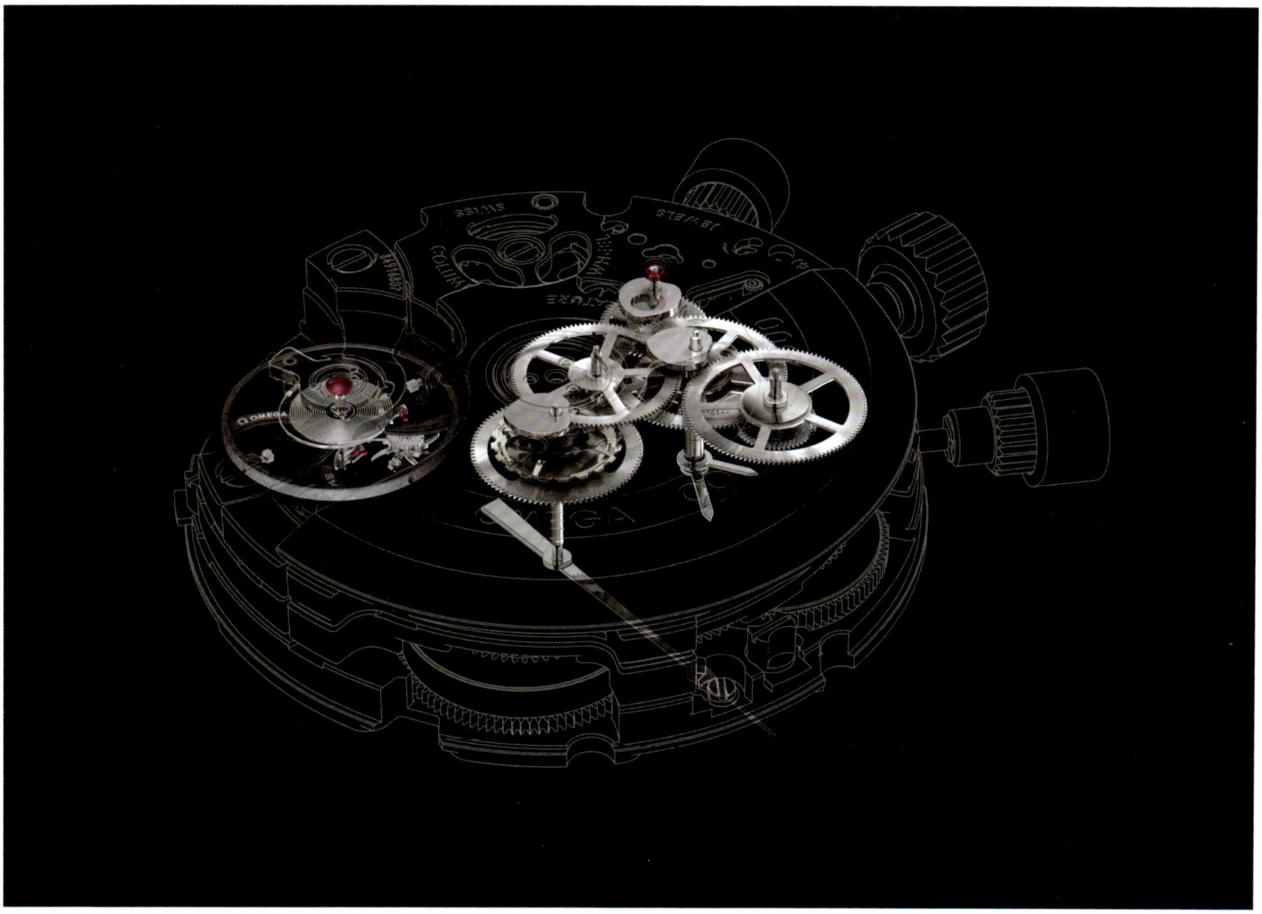

Cal.9300/9301自动计时机芯

18K金制摆陀及摆轮夹板（Cal.9301），“Si14”硅制无卡度游丝，同轴擒纵系统，螺丝、发条盒、摆轮经黑色处理，垂直离合系统，导柱轮装置，54石，摆频每小时28,800次，双发条盒，60小时动力储存，天文台认证。

Speedmaster Chronograph

铂金、18K红金或者不锈钢表壳，直径44.25mm、厚15.8mm（不锈钢款为15.6mm），铂金款为黑色珐琅表盘，18K红金款为黑色陶瓷表盘，鳄鱼皮配铂金针扣或者18K红金/不锈钢折叠扣或者链带，100m防水。Cal.9300/9301自动机芯，54石，摆频每小时28,800次，同轴擒纵，硅游丝，60小时动力储存，Cal.9301为18K红金摆陀和摆夹板。

今年首次搭载这款全新机芯的有两款，首当其中的便是这款Speedmaster Chronograph超霸计时表。它有个显而易见的“小”变化（这句话并不冲突），就是我们前面提到的Cal.9300/9301机芯的另一个小亮点，便是将计时分针及时针同轴放置于3时位，如此一来，我们就可以像读取正常时间一样读取计时时间了，非常直观方便。时、分合一后，原有的3小盘设计变成了2个小盘，是否不再那么“超霸”了呢？确实，我们玩了几年表，就看了几年3个小盘的超霸，乍一看两个小盘的是有些怪怪的，多看看，习惯成自然。时代在发展，机芯在进步，再经典的东西也不能一成不变啊。翻过表背来看，机芯已经将表壳撑得满满当当。要知道这款表壳的直径有44.25mm，机芯的口径至少要有30mm以上了。同时，背面的蓝宝石水晶表镜如同正面的表镜，为“平面凸起”式。

“打头阵”的超霸共有三款，首先为平实的不锈钢，另外两款都很“贵”，一款为铂金，搭配黑色珐琅表盘，另一款为红金，表盘品牌logo下面有个黑色的“（ZrO_2）”字样，学名叫二氧化锆，即是陶瓷。如今陶瓷大热，不过用陶瓷做表盘的，还是少之又少！相比之下，我非常喜欢红金的这一只。

Seamaster Planet Ocean Chronograph

不锈钢表壳，直径45.50mm、厚19.15mm，黑色陶瓷表圈，橡胶表带，600m防水。Cal.9300自动机芯，54石，摆频每小时28,800次，同轴擒纵，硅游丝，60小时动力储存。

除了Speedmaster之外，采用新款计时机芯的还有Seamater系列，据我所看到的以及资料中的图片，这款表有三款不同的颜色搭配：橘色款的外圈为阳极氧化铝，黑色为陶瓷表圈，而蓝色的这款资料中没有照片，表圈同样是陶瓷内部的数字及刻度则是以名为Liquidmetal的合金。Liquidmetal合金是一种非晶态合金，熔点只有钛合金的一半，却硬度奇高，据我所知，航母的甲板也会用到这种材料。

除了材质的升级以外，这款表的变化不多，只是表盘的计时小盘的布局与“芯”俱进了，计时分针采用了醒目的橘红色，与表款的潜水理念相呼应。

Seamaster Planet Ocean 37.5mm

18K红金或不锈钢表壳，陶瓷表圈或镶钻42颗，重约2.14克拉，直径37.5mm、厚15.05mm，橡胶、鳄鱼皮表带或不锈钢链带，600m防水。Cal.8520/8521自动机芯，28石，摆频每小时25,200次，同轴擒纵，硅游丝，50小时动力储存。

Seamaster Planet Ocean 42mm

18K红金或不锈钢表壳，直径42mm、厚15.70mm，红金款式表圈镶钻42颗，重约2.14克拉，鳄鱼皮表带配红金折叠扣，600m防水。Cal.8500/8501自动机芯，39石，同轴擒纵，硅游丝，摆频每小时25,200次，60小时动力储存。

Seamaster Planet Ocean 45.5mm Titanium

钛金属表壳，陶瓷表圈Liquidmetal填充刻度，直径45.5mm、厚16.50mm，橡胶表带，600m防水。Cal.8500自动机芯，39石，同轴擒纵，硅游丝，摆频每小时25,200次，60小时动力储存。

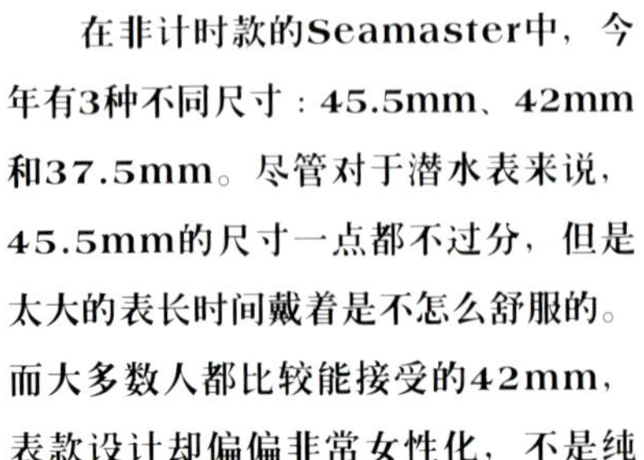

在非计时款的Seamaster中，今年有3种不同尺寸：45.5mm、42mm和37.5mm。尽管对于潜水表来说，45.5mm的尺寸一点都不过分，但是太大的表长时间戴着是不怎么舒服的。而大多数人都比较能接受的42mm，表款设计却偏偏非常女性化，不是纯白，就是红金表壳带一圈钻石，虽然没有任何人说这是个女表，但我觉得尺寸并不是区分男女表的绝对条件，看来Seamaster是要一大到底了。我感觉我戴37.5mm直径的款式挺合适，其中也有没有丝毫女性化设计的款式。运动表也不是真的运动的时候才戴，夏天平时戴一戴也挺好。

陶瓷表圈现在对于Seamaster来说算是标配，其中尺寸最大的一款的表圈同样采用了Liquidmetal填充刻度，别以为用高硬度材料做刻度是多此一举，也别以为硬度是小事，多看古董表的人一定知道，数十年之后便能见分晓。

Aqua Terra 150m

18K红金或不锈钢表壳，直径34mm，厚12.5mm，不锈钢链带或鳄鱼皮表带配红金折叠扣，150m防水。Cal.8520/8521自动机芯，28石，摆频每小时25,200次，同轴擒纵，硅游丝，50小时动力储存。

150m的Seamaster，也有个专用的名字，叫Aqua Terra。中规中矩的外形几乎适合任何人、搭配任何服装佩戴。OMEGA（欧米茄）之前曾在装饰设计上做了些改进，推出了甲板纹表盘的款式，今年则是小口径的，34mm，无疑是女性专用了。手表造型整体非常硬朗，可以说除了尺寸之外，没有任何女性化的设计，适合在职场中披荆斩棘的职业女强人。机芯是好的，Cal.8520/8521，今日的OMEGA（欧米茄），除了个别特定款式之外，已经看不到那些“不伦不类”的机芯了，自产机芯已经覆盖到了各种款式的男、女表。

Hour Vision Blue

不锈钢表壳，直径41mm，厚12.2mm，鳄鱼皮表带配折叠扣，100m防水，18K白金指针及刻度，Cal.8500自动机芯，39石，同轴擒纵，硅游丝，摆频每小时25,200次，60小时动力储存。

Hour Vision Skeleton Platinum

铂金表壳，直径41mm，厚12.5mm，鳄鱼皮表带配铂金折叠扣，100m防水，18K白金指针及刻度，Cal.8403自动机芯，镂空处理，39石，同轴擒纵，硅游丝，摆频每小时25,200次，60小时动力储存，限量88只。

这一页是两只非常特别而且漂亮的Hour Vision。第一只名为“明亮之蓝”，整体脱胎于搭载Cal.8500机芯的第一只Hour Vision腕表，相同的表壳设计、相同的机芯及功能，不同的是表盘的颜色为蓝色。我个人很爱蓝色，Hour Vision的蓝，颜色非常正，并且很亮，与它的名字十分贴切。Hour Vision在刚推出的时候，就有人评价它的指针机刻度的工艺相当完美，这款也如是，表壳为不锈钢，指针及刻度则是18K白金，时、分指针上还用了拉丝及抛光两种打磨方式，十分诱人。这款表的出身，源于OMEGA（欧米茄）对国际奥比斯组织的大力支持，这个组织一直专注于为贫困落后地区的人民提供可预防性盲症的治疗服务，OMEGA（欧米茄）名人大使Daniel Craig也一直投身于此事业，在未来4年，OMEGA（欧米茄）将为国际奥比斯组织捐赠至少100万美元。

第二款可能是至今为止最高级的一款Hour Vision，铂金表壳加镂空处理的机芯。Hour Vision所属的De Ville系列中曾经也有镂空表，但镂空的Hour Vision还是头一遭。可以看出，机芯是以Cal.8501为基础，取消了日历显示，以更好地观赏镂空机芯之美。机芯整体的镂空设计及表面处理也比较现代，摆陀采用了蓝宝石水晶加18K红金外缘的方式，上面标有限量编号。只是，为什么还要在12时位置上明晃晃地标注一个“Limited Edition”字样呢？即使是外行人看，这款表也足够特别了啊！

De Ville Annual Calendar

不锈钢表壳，直径41mm、厚14.15mm，鳄鱼皮表带或者不锈钢链带，100m防水。Cal.8601自动机芯，39石，摆频每小时25,200次，同轴擒纵，硅游丝，55小时动力储存。

Seamaster 1948 - London 2012 Limited Edition

不锈钢表壳，直径39mm、厚11.20mm，表底18K黄金伦敦2012奥运Logo装饰，鳄鱼皮表带配针扣，120m防水。Cal.2202自动机芯，33石，摆频每小时25,200次，同轴擒纵，48小时动力储存。限量1,948只。

De Ville系列就如同OMEGA（欧米茄）的一块试验田，当初同轴擒纵系统便是先应用在这个系列，之后搭载全新自产机芯Cal.8500/8501的Hour Vision也是属于这个大系列。在接受完万千瞩目之后，今年又一款“穿上衣服”的Hour Vision，因为Hour Vision的表壳侧面是透明的，这款则是回归到常规表壳，侧面不再是透明的了。“穿上衣服”之后，名字也回归De Ville，原来，穿衣服的是De Ville，不穿衣服的是Hour Vision啊！不过也有个别，去年有款Hour Vision Annual Calendar铂金限量版侧面也是没有窗口的，今年这款只是换成了平实的不锈钢表壳，换掉了珐琅表盘，日常戴，很美。

从北京奥运会开始，OMEGA（欧米茄）算是把奥运表重新做起来了。北京奥运表有好多款，最有代表性的莫过于老星座那一款，个人认为也是最漂亮的一款，当真是迷煞众表迷，虽然价格不算便宜。这款伦敦奥运会的奥运表延续了北京奥运会表的做法，老瓶装新酒，采用的是Seamaster 1948的设计，限量数也是1,948只，古典美则古典美矣，关键有老星座珠玉在前，它不是叫人那么激动和震撼了。按照北京奥运会表的经验，这款应该是打头阵的表款，后续还会有很多。

Ladymatic

18K红金、黄金或不锈钢表壳，直径34mm、厚11.95mm，表圈或镶嵌钻石装饰，链带或鳄鱼皮表带配折叠扣。Cal.8520/8521自动机芯，28石，摆频每小时25,200次，同轴擒纵，硅游丝，摆频每小时25,200次，50小时动力储存。

套用之前在《头等客》中的评价：如果你还不知道这款表，那可以断定你之前很长一段时间没有看中央电视台，没有看报纸杂志，没有去商业区，没有去机场了。Ladymatic问世时的市场宣传工作可谓是疾如雷电，铺天盖地的。其灵感来源于OMEGA（欧米茄）旧时的表款，但设计却是非常新颖。表壳圆润可爱，侧面用了曲线线条式的镂空，可以看到表壳内部的另一层陶瓷圈。表链节有曲线设计，整表都充满了女性化的设计元素，柔美动人。这个系列中表款众多，“丰俭”由人，我已经在几个美女的手腕上见过她们的靓影了，再多一些时间，它一定会像OMEGA（欧米茄）其他的几大系列一样大红大紫。

OMEGA
100m / 330ft
CO-AXIAL
Ladymatic
750
OMEGA
Ladymatic
CO-AXIAL
CHRONOMETER
SWISS MADE
18

Constellation

18K红金、黄金或间金不锈钢表壳，直径27mm、厚12.85mm，表圈镶钻32颗，重0.50克拉，珍珠贝母表盘，100m防水。Cal.8520/8521自动机芯，28石，摆频每小时25,200次，同轴擒纵，硅游丝，50小时动力储存。Cal.8521为18K红金摆陀和摆夹板。另外一只雪花镶钻版，直径31mm、厚11.87mm，蓝色PVD表盘，表圈镶钻144颗，重0.89克拉，Cal.8520自动机芯。

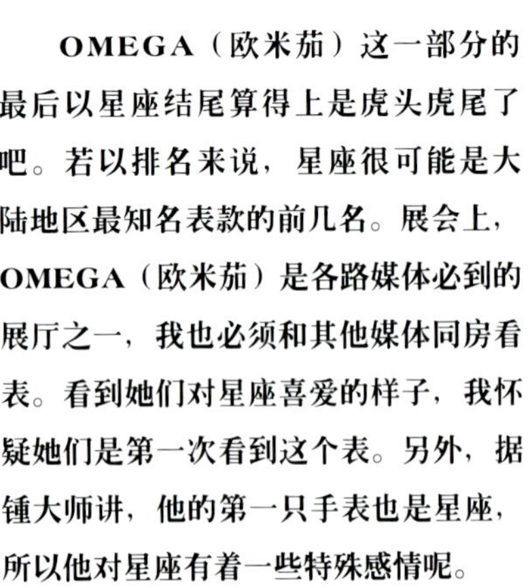

OMEGA（欧米茄）这一部分的最后以星座结尾算得上是虎头虎尾了吧。若以排名来说，星座很可能是大陆地区最知名表款的前几名。展会上，OMEGA（欧米茄）是各路媒体必到的展厅之一，我也必须和其他媒体同房看表。看到她们对星座喜爱的样子，我怀疑她们是第一次看到这个表。另外，据锺大师讲，他的第一只手表也是星座，所以他对星座有着一些特殊感情呢。

Constellation Small Seconds

18K红金表壳，直径35mm、厚11.13mm，珍珠贝母表盘，表圈镶嵌长阶梯形切割钻石44颗，重约3.02克拉，白色鳄鱼皮表带配红金折叠扣，100m防水。Cal.2202自动机芯，33石，摆频每小时25,200次，同轴擒纵，48小时动力储存。专卖店款，限量88只。

专卖店

城市	地址	联系电话
北京市	东城区金宝街 88 号金宝汇 110 店铺	+86/010 8522 1863
	朝阳区建国路 87 号新光天地 M1002 商铺	+86/010 6533 1616
	东长安街 1 号东方广场东方新天地 A201B 商铺	+86/010 8518 7188
	西城区金城坊街 2 号金融街购物中心 L101-3 商铺	+86/010 6622 0101
	首都国际机场 3 号航站楼 T3E 二层国际出发隔离区中央大堂	+86/010 6455 8959
上海市	南京西路 1111 号	+86/021 6287 8686
	静安区南京西路 1618 号久光百货 1 楼 D153	+86/021 6288 7021
	淮海中路 864 号	+86/021 5404 6288
	黄陂南路 331 号企业天地商业中心	+86/021 6340 6018
	南京东路 23 号（外滩 19 号）	+86/021 6329 9905
广州市	环市东路 368 号花园酒店商铺 G	+86/020 8365 2992

售后服务中心

城市	地址	联系电话
北京市	朝阳区建国门外大街 22 号赛特大厦 16 层	400 670 1848
	朝阳区建国路 87 号新光天地 M1002 商铺	+86/010 6533 1616
上海市	天钥桥路 30 号美罗大厦 4 楼	401 670 1848
	南京西路 1111 号	+86/021 6287 8686
	黄陂南路 331 号企业天地商业中心	+86/021 6340 6018
沈阳市	和平区中华路 69-1 号富丽华国际商务中心 11 楼	403 670 1848
	东长安街 1 号东方广场东方新天地 A201B 商铺	+86/010 8518 7188
	西城区金城坊街 2 号金融街购物中心 L101-3 商铺	+86/010 6622 0101
广州市	环市东路 371-375 号世界贸易大厦南塔 921-923 室	402 670 1848
	环市东路 368 号花园酒店商铺 G	+86/020 8365 2963

PARMIGIANI

独立制表师这个行业，在瑞士其实并没有我们想像的那么光鲜，大多是很朴实的手艺人。而且这个行业就像娱乐圈一样，没背景，没后台，不一定到什么时候才能轮到你出名呢。这些制表师们，大多数其实还是很寂寥的，甚至还需要接一些修复、维修的活来维持生计。能够做到F.P.JOURNE那样，声名显赫的，让人们慕名而来的，还是少之又少。

PARMIGIANI FLEURIER（帕玛强尼）这个品牌给我的感觉和F.P.JOURNE很像，属于"一线"制表师领导的品牌，他们骨子里都是很传统的，但却能做出一些创新的东西，还有他们都很喜欢捣鼓钟。今年PARMIGIANI FLEURIER（帕玛强尼）的新款表就两款，另一大作是一款名为Calendrier Hégirien座钟。说起来和咱们没什么关系，是一位阿拉伯富豪订做的，上面都是那些蝌蚪文字。但它确实漂亮得很，气派不凡，忍不住想要放上来。

在现行的历法中，主要有三种：阳历、阴历、阴阳历。我们常用的传统历法农历实际是属于阴阳历，按照阴历的方法计月，但是与阳历之间差距过大的话，也要调整这一误差。但阴历就不一样了，现在只有伊斯兰教使用这一立法，所以又叫回历。这款钟便是首个能够准确显示阴历的机械钟表。钟面上具有时、分、日期、星期、月份、闰年、月相及动力储存显示。它根据月球的圆转周期，可以精确地显示30年内的日历，在19个平年和11个闰年之间自动跳转。这一创造最早可追溯到1993年，最终在今天得以实现，可以说是开创了对阴历历法进行连续显示技术的先河。

这座钟的外观稳重气派，除了机芯部分的精美修饰外，其外壳整体由纯银打造，并采用黑曜石和石英石装饰。

PARMIGIANI
FLEURIER

Tonda 1950

18K红金或者白金表壳，直径39mm、厚7.8mm，鳄鱼皮表带配针扣。Cal.PF701自动机芯，直径30mm、厚2.6mm，29石，摆频每小时21,600次，42小时动力存储。

两款腕表可以说是一文一武，跟我们关系比较密切的其实就这一只，又是超薄，看来今年SIHH中"减肥"的还真是不少。功能是简单到不能再简单的小三针，连日历都省了。整体设计得很文雅，并且能看得出来对正装手表的坚持。直径不大，39mm，厚度也只有7.8mm。内部的机芯为品牌全新的自产机芯Cal.PF701，小摆陀式的自产机芯。在各种小摆陀式的自动机芯中，这款机芯的做法和PATEK PHILIPPE（百达翡丽）的Cal.240有些相像。自动摆陀本身并没有轴，而是固定在一个上链齿轮上。机芯的尺寸也不小，有30mm，在不大的表壳中显得很充实，无论正面还是背面都很漂亮。

Bugatti Super Sport

18K白金表壳，尺寸36.0mm×50.7mm、厚22.7mm，HERMÈS（爱马仕）鳄鱼皮表带配白金折叠扣。Cal.PF372手动机芯，尺寸37.01mm×25.00mm、厚15.96mm，40石，摆频每小时21,600次，10天动力储存。限量30只。

“武”指的便是这一款，与Bugatti合作的第二个作品。之前看图片，还没有什么特别感觉，拿到实物，戴在手腕上，这种感觉才是最实在的。如果不是戴在手腕上，光是看图片，肯定比之前的Bugatti 360好看很多，但表呢，无论它多么复杂，总归是要戴的，哪怕戴一天，也是要戴的。它的尺寸比之前的Bugatti 360要大一些。因为造型更加诡异，更加流线体，更加“跑车”很多，所以佩戴的感受，我个人以为不如360。这种东西，见仁见智吧，不过在看时间方面，它比360要清楚、要方便一些，真正的表盘，更冲向人的视力范围。以对称美学而言，那个表把，我琢磨着，是不是有些太大了呢？操作倒是方便，我这么粗的手指头，也游刃有余。

RICHARD MILLE

就像减肥在女孩中间如同病毒蔓延一样，简洁超薄似乎真的像病毒，在SIHH中蔓延，这不，连一向特立独行的RICHARD MILLE也没能逃过。在我印象中，这么纤薄秀气的表款，应该是品牌破天荒的头一遭。RM 033，官方的中文新闻中，将其翻译成“超平自动上链腕表”，其中“超平”一词看似不太符合我们的语言习惯，但用在这款表上，确实非常贴切。它的圆形表壳，确实很平。表圈和表镜几乎是一个完美的平面，表耳略向下倾斜，但也保持着平面设计元素，像是F117隐形战机一般。而在反面，表壳两端及表耳部分则是形成了一个比较圆滑的弧度，以贴合手腕，佩戴更加舒适。

它的机芯，细心一些会发现正是来自于PARMIGIANI FLEURIER（帕玛强尼）今年最新的Cal.PF701，如果有兴趣可以翻到前面对比看。但如果直接拿过来用的话，那就不是RICHARD MILLE了，它对这款机芯最重要的改造便是材质。机芯夹板及基板全部换成了钛金属，并在基板上应用了Titalyt®镀层工艺，夹板上以PVD工艺镀黑。这样除了展现出前卫的设计感，同时也增强了整体的坚固度和表面平滑度。最后，还增加了镂空装饰。

虽然采用了同一款机芯，但是表壳的厚度比Tonda 1950还要纤薄一些，只有6.3mm，我想这与它超平的外观设计有很大关系。

另一款超薄陀飞轮为已有的款式，今年在原作的基础上，改进了表盘设计，加大了罗马数字刻度的尺寸。

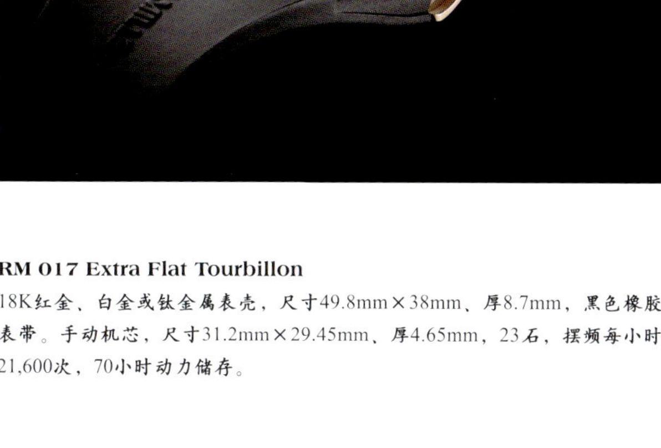

RM 017 Extra Flat Tourbillon

18K红金、白金或钛金属表壳，尺寸49.8mm×38mm、厚8.7mm，黑色橡胶表带。手动机芯，尺寸31.2mm×29.45mm、厚4.65mm，23石，摆频每小时21,600次，70小时动力储存。

RM 033 Extra Flat Automatic

18K红金、白金或钛金属表壳，直径45.7mm、厚6.3mm，黑色橡胶表带。Cal.RM XP1自动机芯，直径33mm、厚2.6mm，29石，摆频每小时21,600次。

RM 026

18K白金表壳，尺寸45mm×39.70mm、厚12.60mm，两条白金蛇分别用红宝石和钻石、以及翡翠和钻石镶嵌，吐着红珊瑚信子，Cal.RM 026手动机芯，尺寸30.20mm×28.60mm、厚4.97mm，21石，摆频每小时21,600次，48小时动力储存，共限量15只。

RM 038 Bubba Watson

AZ91镁铝合金表壳，尺寸48mm×39.70mm、厚12.80mm，橡胶表带。Cal. RM 038手动机芯，尺寸30.60mm×29.37mm、厚7.55mm，陀飞轮，19石，摆频每小时21,600次，48小时动力储存。

去年，为西班牙网球天才纳达尔推出的RM 027突破了机械表的重量极限，连表带还不到20g，上手自然是轻若无物，戴上它顺利摘下法网冠军。今年的RM 038是为一高尔夫球名将Bubba Watson推出的，对此人了解不多，只知道他和纳豆一样是左撇子选手。表壳同样是极轻的镁铝合金，整体重量比RM 027略重。钛合金机芯板路却经过重新设计，有一种很极致对称的美感。表壳泛白的颜色是经过一种称为Titalyt II®的电离子的氧化处理，是一种陶瓷氧化晶体，它强化这种超轻合金材质的硬度和抗划伤性，并且使其耐磨耐腐蚀。

RICHARD MILLE的珠宝表也是非比寻常，曾经将宝石切割成圆片做机芯的齿轮。今年则是拿在西方都是亦正亦邪的蛇做主题，但并不是说没机芯什么事了。两条蛇蜿蜒盘绕在机芯上，动势极强，据说还是一对情侣。也有其他的版本可选，镶嵌不同的宝石或者施以釉彩。如果有一白一青，在中国倒可以拿《白蛇传》说事了。此外，它不光是陀飞轮，其机芯底板是用整块的黑玛瑙制成，其实如果把底板镂空露出蛇尾巴会更有意思。

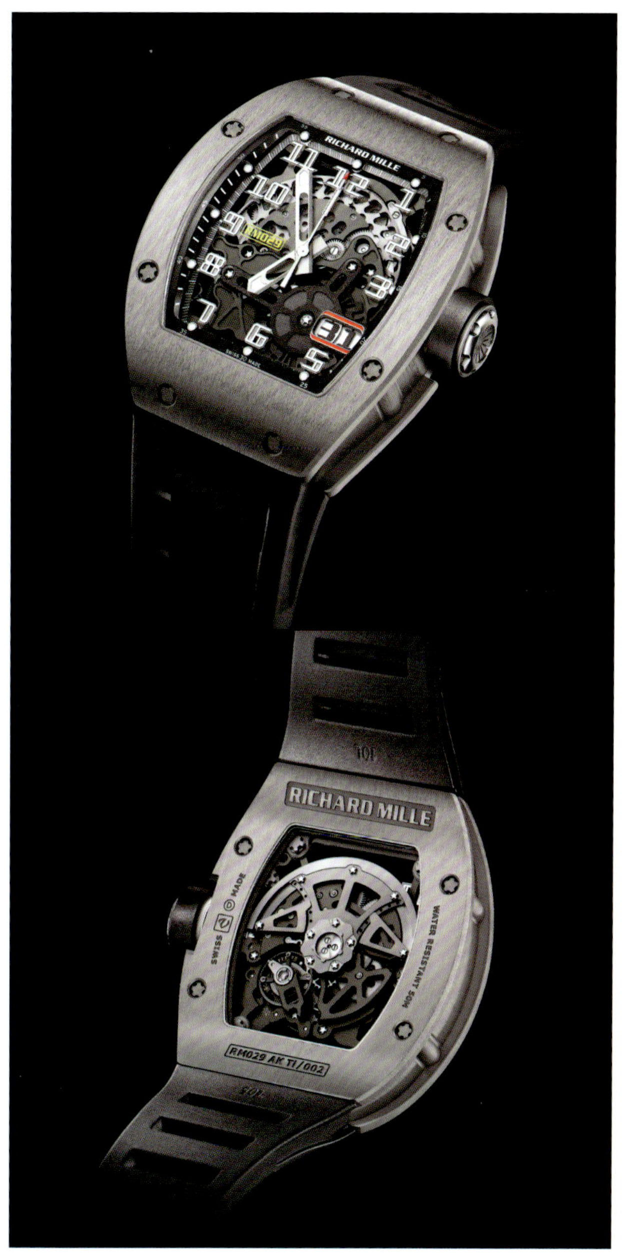

RM 029

18K红金、白金或钛金属表壳，尺寸48mm×39.7mm、厚12.6mm，Cal.RMAS7自动机芯，55小时动力储存。

RM 030

18K红金、白金或钛金属表壳，尺寸50mm×42.70mm、厚13.95mm。Cal.RMAR1自动机芯，尺寸30.25mm×28.45mm、厚5.59mm，40石，摆频每小时28,800次，55小时动力储存。

最后的这一页都是属于标准**RICHARD MILLE**风格的入门级表款，一款大日历，一款动力储存，自动上链部分都采用了上链保护装置及可调惯性自动摆陀。前一项可在当动力储存到达**50**小时的时候截断摆陀对发条盒的动力传输，而当动力储存降至**40**小时以下，便再次连通，为发条盒上链。后一项可以直观地看到，摆陀上配有两个可活动的小部件，通过调整它的位置改变摆陀的惯性，以配合不同的佩戴环境。在**RM 030**的表盘上，比以往多了个显示摆陀离合状态的**ON/OFF**上弦指示器，并且在动力储存刻度上，**40~50**的部分是突起的，实际这部分也充当起了扭矩显示功能，当动力储存在这一阶段的时候，扭矩的输出最为平稳，走时也是相对最稳定的。

ROGER DUBUIS

ROGER DUBUIS（罗杰杜彼）今年最大的变化，在于La Monegasque系列，除了气质同样豪气万千，表壳造型、细节装饰都不同于以往，这是一款向前探索和突破的新作。

它的壳形，褪去了曾经的棱角分明，多了一些细腻和浑厚，更显运动和时尚的。它的一些设计其实还是有出处，比如那个具有4个尖尖角的表圈造型以及PVD镀黑的方式，在2005年的K10上也有类似的设计，大的旋转计时表圈与表壳之间就有个红色或绿色的氧化铝表圈。新款的La Monegasque中共有4款，分别是计时、万年历、陀飞轮和小三针。其中我最喜欢的是计时表，因为它是迷你摆陀的计时机芯，自动上链的便捷以及手动计时机芯的美观，它全都齐了。这个设计此前在我们的杂志中也讲过，不是当代的发明，而是世界第一只自动计时表的大概样式，从这个意义上，它还是超级复古的代表。

ROGER DUBUIS（罗杰杜彼）之前的一款迷你摆陀的自动机芯叫Cal. RD 78，它的摆陀是用个夹板固定摆陀中轴的做法，和今年的LAURENT FERRIER是一个意思。如果说缺点，主要是夹板的布局不够美观，不够很纯正的计时表的感觉。这款全新的机芯，编号Cal.RD 680，厚度有所增加，但动力储存时间也有所提高。关键的，还是那句话，机芯夹板的布局好看多了。零件数量有所减少，某种意义上，意味着整体更合理，零件的设计更有效。值得说的一点，是它的星柱轮，和PATEK PHILIPPE（百达翡丽）的一样，都是上边扣了个帽子。

外观上最漂亮不过红金黑面的款式，设计感以赌场风格为主，那种色彩的搭配，去过赌场的人是一眼就能找到组织的感觉。另外有不锈钢搭配黑盘的款式，其中测速刻度环意外地选用了红色，很有古董表的风趣。

La Monegasque Chronograph

18K红金表壳，黑色PVD涂层钛金属表圈或不锈钢表壳，直径44mm，鳄鱼皮表带配红金针扣，Cal.RD680自动机芯，直径31mm、厚6.3mm，261个零件，42石，摆频每小时28,800次，48小时动力储存。La Monegasque Big Number（红绿黑表盘）限量128只。

La Monegasque Millesime Flying Tourbillon

铂金表壳，直径44mm，鳄鱼皮表带配铂金针扣。Cal.RD540手动机芯，日内瓦印记，厚5.70mm，28石，293个零件，摆频每小时21,600次，60小时动力储存。限量28只。

La Monegasque Automatic

18K红金或不锈钢表壳，直径42mm，鳄鱼皮表带配不锈钢折叠扣。Cal. RD821自动机芯，日内瓦印记，直径25.9mm、厚3.43mm，33石，摆频每小时28,800次，168个零件，48小时动力储存。

La Monegasque Perpetual Calendar

18K红金表壳，直径44mm，黑色PVD涂层钛金属表圈，鳄鱼皮表带配红金针扣。Cal.RD821J自动机芯，日内瓦印记，厚5.28mm，33石，摆频每小时28,800次，358个零件，48小时动力储存。

剩下的三款中，万年历的布局和当初是一模一样的，表盘上，除日期外剩下的信息都采用视窗的方式显示，相比指针的方式，显得更加利落清爽很多，只是因为表壳的变化，比例略有不同。简单地说，就是Symphthe万年历显得很古雅，La Monegasque则更加现代，这不光是表壳造型的问题，还有刻度等诸多细节的设计。

小三针在最传统的Sympathe中是没有小三针设计的（当然Easy diver不算），我觉得这是一款很难挑剔的日常用表，直径是很恰到好处的42mm，满足了人们想要大的心理，但又不过分大。尤其是红金黑色表圈的版本，褒义的闷骚，就是这种感觉。不锈钢黑盘的还带有一个红色的“60”。

截止到最后这款陀飞轮大日历，其实La Monegasque中的这4款都是很适合日常佩戴的款式，只是最后这款最为奢华，但是属于低调的奢华，很多人想贵但又想低调的话，铂金是首选。大大的陀飞轮视窗，直径几乎相当于半个表盘，可以尽情地欣赏它的旋转。

Excalibur Flying Tourbillon

18K白金表壳，直径45mm，鳄鱼皮表带配白金折叠扣。Cal.RD520自动机芯，日内瓦印记，直径33.8mm、厚6.5mm，30石，摆频每小时21,600次，227个零件，60小时动力储存。限量88只。

Excalibur Lady

18K白金表壳，共镶嵌560颗钻石，重约5.7克拉，另有18K红金表壳，表圈镶嵌48颗钻石，重约0.99克拉，直径36mm，鳄鱼皮表带配金制折叠扣。Cal.RD821自动机芯，日内瓦印记，直径25.9mm、厚3.43mm，33石，摆频每小时28,800次，168个零件，48小时动力储存。全钻款限量88只。

以我的审美来看，Excalibur系列的造型是最好看而且是最ROGER DUBUIS（罗杰杜彼）的，这在于它三段式的表耳，窄窄的表圈也让表盘的视野更好。最后还有表圈上的那些刻纹，如同是用刀一刀刀地砍出来的“金属伤疤”，很爷们儿的感觉。将迷你摆陀和陀飞轮同时做在表盘上的设计，其实是之前就有的，今年换成了更加冷峻的银色和黑色组合。

最后这个叫Excalibur Lady的“美女”，我很惊艳于她的美艳，如同雪精灵一般的纯美。窄窄的表圈以及三对表耳上都满满地镶嵌上了方钻，其余部分也都以圆形钻石填充。最精致的还是表盘，大大的罗马数字是做在另一层蓝宝石水晶面上，同时还具有金属的质感。那非常值得炫耀的满满一面钻石，在这只表上，只是一面背景。我更喜欢它比较人性化的设计，直径只有36mm，表带也有明显的收窄设计，让女人戴起来很伏贴自然，不像那些恨天高的高跟鞋，为了美而搞得很辛苦。

ROLEX
劳力士

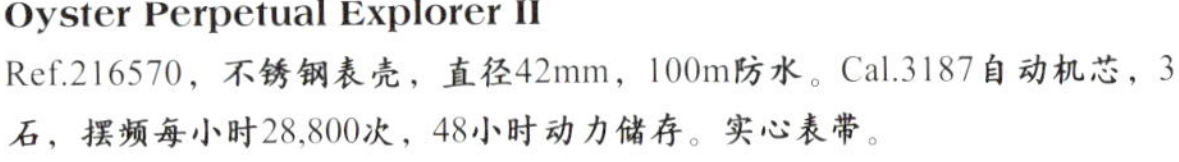

Oyster Perpetual Explorer II

Ref.216570，不锈钢表壳，直径42mm，100m防水。Cal.3187自动机芯，31石，摆频每小时28,800次，48小时动力储存。实心表带。

ROLEX（劳力士）在之前几年，差不多给所有的运动款都进行了一次换装，去年，Explorer I也换上新外套和新机芯，今年终于轮到Explorer II了。这是近些年ROLEX（劳力士）的最大换血手术。直径都有所加大，Explorer II也不例外，增肥了2mm。虽然放在今天这已经是相当合理的尺寸，但是戴了10年的40mm，换到42mm，我相信很多人有点不适应。随着盘面的加大，指针刻度等，都有所变形，夜光的面积更大，最醒目的则是那根异地时指针，还原了古董Ref.1655的那种锐角三角形橘针。当然这种变化也属于见仁见智。关键之处还是机芯比之前的Cal.3185要好。表壳加大，机芯也必须加码，这是ROLEX（劳力士）比其他品牌厚道的地方。例如它也加进了Paraflex专利避震以及抗磁性蓝色Parachrom游丝。ROLEX（劳力士）有点像iphone，一代一定比一代好（当然更新速度完全不同），所以逼着你也是换了一个又一个。

Oyster Perpetual Yacht-Master II

Ref.116681，不锈钢和18K红金表壳，直径44mm，蓝色CERACHROM材质表圈，100m防水。Cal.4160自动机芯，42石，摆频每小时28,800次，72小时动力储存。

Yacht-Master II绝对不枉费它的名字，其计时部分是ROLEX（劳力士）为赛艇运动量身定制的，与其他的品牌在表盘上简单地加几个圆形视窗完全不同。在它推出后的这几年中，大家想必也都慢慢了解其中的奥妙了。如果还不甚了解，手头又没有表可把玩的话，建议到ROLEX（劳力士）的官网下载这款表专门的屏幕保护程序，在电脑上也可模拟操作一番。

今年的新款，在功能及设计上没什么改变，只是采用了不锈钢间红金的表壳及表带。对于金钢这种组合，ROLEX（劳力士）还是不离不弃的。我只是对它的口径抱有一点点怀疑，因为资料写44mm，很奇怪，我记得老款的直径不到43mm，没理由搞成金钢的直径就加大那么一点点，毫无意义也毫无必要。大概是算法不同吧。

Oyster Perpetual Cosmograph Daytona

Ref.116515LN，18K红金表壳，直径40mm，CERACHROM材质表圈，鳄鱼皮表带配红金Oysterlock折叠扣，100m防水。Cal.4130自动机芯，44石，摆频每小时28,800次，72小时动力储存。

全新的Daytona几乎成了今年**ROLEX**（劳力士）的话题表款，原因是它的外圈采用了陶瓷材质。在陶瓷大热的今天，很多人笑称：如今就等那位"老大"级的品牌了。

ROLEX（劳力士）一直是很多款表圈都有陶瓷，但表圈并不全是陶瓷而只是刻度那一部分。新的Daytona整个表圈都是，气度绝对恢弘。我之前就说过，要是这种整体式的**CERACHROM**高科技陶瓷表圈用到不锈钢的运动表Explorer上之类，一定迅速成为今年的火爆炒货。但它率先用到红金表壳上，唯一一个可以爆炒的元素也熄灭了爆炒的火苗。毕竟是红金表壳，它很贵的。另外这款采用的还是鳄鱼皮表带，看来陶瓷与运动，在**ROLEX**（劳力士）心里还不能画等号。

Oyster Perpetual Lady-Datejust

18K黄金和不锈钢（Ref.179383）或者18K白金和不锈钢（Ref.179384）表壳，直径26mm，表圈镶嵌46颗钻石，重约0.67克拉，100m防水。Cal.2235自动机芯，31石，摆频每小时28,800次，48小时动力储存。

Oyster Perpetual Datejust Special Edition

Ref.81315，18K红金表壳，直径34mm，表圈镶嵌12颗钻石，重约0.39克拉，珍珠贝母表盘，100m防水。Cal.2235自动机芯，31石，摆频每小时28,800次，48小时动力储存。

最后是女表，感觉ROLEX（劳力士）现在越来越会照顾女人的心思了，女装表也越来越显出其温柔可人的一面。这款花卉图案的表盘装饰，称之为搪金。搪金的搪字，是一个动词，就是均匀地涂抹的意思。用ROLEX（劳力士）的说法，就是用粉红砂金以专利的PVD方式镀上，使得盘面的色调也好，质感也罢，都极尽华贵。

另一款使用了金晶表盘，看起来就像是一幅抽象的艺术画作，融合黄金与水晶两种材质的那种华贵与闪烁之美。仔细观察的话，期间还若隐若现有ROLEX（劳力士）纪念型暗花纹（电脑盘），显得特别ROLEX（劳力士）。

TAGHeuer

SWISS AVANT-GARDE SINCE 1860

几年前Calibre 360推出的时候，一开始我抱着将信将疑的态度，难以想象一个机械机芯能达到每秒100次的频率，之后看了官方新闻稿，见到了真表才知道所言非虚。之后的一段时间，我又坚定地相信，即使是在这个没有“最”只有“更”的年代，Calibre 360绝对是速度最快的机械机芯，并且坚信这是个极限。因为对于机械表来说，不是速度上去就行了，还有磨损、润滑、动力甚至保养等一系列的问题。在硅等高科技材质出现之前，每小时36,000次就可以称为高振频机芯，其实它比常规的每小时28,800次就快了那么一点儿，但却花费了千百倍的精力在研发方面。所以我一直认为，每小时360,000次，是个难以想象的速度，可它偏偏成为了现实，那么比它再快？不可能！

然而到了今年，我觉得那句“没有最……只有更……”才是真理，TAG HEUER（豪雅）不但更快，而且是整整10倍。每小时3,600,000次，最小可精确到千分之一秒，一个举世震惊的数字。这款表我没玩过，我想国内的媒体基本也都没能和它亲近，只听得品牌眉飞色舞地形容那根大秒针转的速度如何的快。有多快呢？只能按照品牌新闻稿的介绍：每秒钟10圈！此外在表盘6时位是一个5秒钟计时盘，每秒钟的刻度精确到1/10秒，与每秒钟10圈的大秒针结合便可读出最小1/1000秒的速度。最后在表盘的中心，还有一根150秒计时指针，为什么是150秒？如此之快的速度，飞一样的指针，它对动力的消耗可以用恐怖形容，在打开计时的时候，150秒就可以把发条盒的动力全部耗尽。Bugatti在时速400km的时候油耗是多少来着？我觉得恐怕也比不上这只表来得恐怖。

Mikrotimer Flying 1000

黑色PVD涂层钛金属表壳，直径45mm，橡胶表带，100m防水。自动机芯，直径35.8mm、厚7.95mm，53石，354个零件，双独立摆轮、擒纵和传动系统，负责正常走时的为摆频每小时28,800次、42小时动力储存，负责计时的为摆频每小时3,600,000次，150秒动力储存。

Carrera Mikrograph 1/100 秒计时

18K红金表壳。手动机芯，直径35.8mm、厚7.95mm，62石，396个零件，双独立摆轮、擒纵和传动系统，负责正常走时的为摆频每小时28,800次、42小时动力储存，负责计时的为摆频每小时360,000次、90分钟动力储存。限量150只。

当然，话又说回来，没有概念，就没有发展的动力。眼下曾经那个不可思议的Calibre 360就已经基本实现量产，是可以买到的。并且已经发展了好几代了。记得第一代推出不久，在零售商都没有货的情况下，它突然现身在安记的拍卖会上，立刻录得了十几万人民币的好成交。今年这只新款新在哪里呢？首先，之前的Calibre 360表盘中央还是传统的计时秒针，6时位小盘为1/100秒计时盘。新款中正好是将二者对调，中央大指针成为1/100秒计时指针，更好地体现出机芯的神速，那是几乎超越我们视觉所能甄别的速度。第二点，是机芯重组。不然1/100秒计时秒针也不会跑到中央去了。新款的机芯，相当open，透明表背可以清楚地看到两个独立摆轮的运作，其中一个是摆频每小时360,000次，你已经看不出它在摆动了。

Carrera Heritage Calibre 6

18K红金、不锈钢或间金表壳，直径39mm。鳄鱼皮或不锈钢、不锈钢间金链带，Calibre 6自动机芯，直径26.2mm，27石，摆频每小时28,800次，44小时动力储存。

Carrera Heritage Calibre 16

18K红金、不锈钢或间金表壳，直径41mm，鳄鱼皮或不锈钢、不锈钢间金链带，Calibre 16自动机芯，直径30.4mm，25石，摆频每小时28,800次，42小时动力储存。

最后还是回到与我们比较近的东西。Carrera在西班牙语中代表激情、冒险与英雄主义，这个名字源自20世纪50年代的一项传奇赛车比赛——Carrera Pan Americana（卡莱拉泛美公路赛）。由此可见，TAG HEUER（豪雅）的Carrera系列在诞生之初是为赛车爱好者以及车手设计的一款赛车运动表。可能在今天看来，那个造型已经不够前卫运动了。所以TAG HEUER（豪雅）将Carrera的外形重新精雕细刻一番后，打起了传承概念。相信大多数人已经在电视上或各种渠道见到了陈道明演绎的这个系列。为什么要用陈道明做形象代言人？他可是贵得恐怖的角儿啊！我自己琢磨了下，是要改变人们的固有形象。要从一个很运动的例如老虎伍兹那种变成一个睿智的中国绅士形象。有用吗？多种数据都在支持着：真的有用的。中国人是很懂得意象的人群。当然，产品也要支持，我感觉新款的表壳造型比之前漂亮了许多，整体非常简洁明了，而在表耳的部分增加了些细节设计，使这部分看起来更加立体。越是要做成经典的东西，越不能有太复杂的设计，一点点特色鲜明的细节设计足矣。新款之中最不运动的，当属Carrera Heritage Calibre 6金色指针及刻度那款，采用39mm的表壳，当然不是运动表，简单的小三针，带个日历，表圈也很窄，相当古雅。同时，设计也和一般的TAG HEUER（豪雅）有所区别：盾牌Logo，做了金色，刻度也是，秒针还做了蓝钢，真是要多古典有多古典了。另外，还有41mm的计时功能款，因为壳形和设计的原因，每一只也很正统的。不论是计时还是小三针，都有黑色或白色，银色、蓝色以及金色刻度、指针的款式可选。

TISSOT（天梭）在瑞士一直有着国民表的称号，在国内也有很好的人缘。成为不少年轻人人生第一块瑞士表的品牌。这种品牌形象，再加上产品本身品质的保证，会形成良性循环，伴随着这个品牌越走越好。TISSOT（天梭）另一吸引人的方面，我认为是其丰富全面的产品设计，能够满足男女老少各个人群的需要，要新潮有新潮，要漂亮有漂亮，要传统的也有。价位的设定也是比较能够满足该阶段人群的消费欲望。

其中，Touch系列无疑成为了吸引年轻人的一大金字招牌，天梭也是不断地加入新玩法，特别针对不同运动的需要，比如针对潜水设计的Sea-Touch，针对航海的Sailing-Touch等，几乎每年都有新花样。今年的这款名为Racing-Touch，中文称为竞智，它的目标是竞争激烈的赛场，具有全面的计时功能，以及记录个人比赛成绩和数据的日志功能。另外还保留了Sailing-Touch的潮汐计算器，加上100m防水，适合各类运动爱好者使用。在外观设计上共有三款，其中以黑盘搭配橙色表带的最为抢眼。另外还有炫酷的黑色款以及适合女生佩戴的白色款式。

另一款海星系列则更加专注于潜水功能，在功能设置上，也都是全部以潜水运动为中心，包括单向潜水计时外圈、可用于佩戴在潜水服外的表带延长装置、Super-LumiNova®环保夜光指针及刻度等，同时在表壳9时位一侧还具有自动排氦阀门，虽然这个功能对于大多数人来说更像是一种“外观配置”，但也使这款表的“潜水范”十足。这款表还具有豪迈大气的48mm表壳，内部搭载自动上链计时机芯，每个想要酷、要运动、要瑞士机械制表工艺的人都能够满足了。

Sea-Star 1000

不锈钢表壳，直径48mm，300m防水，不锈钢链带或橡胶带配潜水延长装置，自动机芯，摆频每小时28,800次，有蓝色或橙色刻度两款可选。

Racing-Touch

不锈钢表壳，尺寸43mm×46.26mm，触摸式表镜，100m防水，橡胶表带，石英机芯，另有白色珍珠贝母或黑碳纤维表盘款式可选。

MotoGP 2011 Limited Edition

不锈钢表壳，尺寸45.3mm×50.26mm，100m防水，黑色PVD表圈及表带链接部件，橙色硅胶表带搭配折叠扣，石英机芯。

MotoGP C01.211 Limited Edition

不锈钢表壳，尺寸45.3mm×50.26mm，100m防水，黑色PVD表圈及表带链接部件，橙色硅胶表带搭配折叠扣，自动机芯。

T-Race Lady

不锈钢表壳，尺寸36.65mm×40.66mm，100m防水，红金PVD表圈及表带链接部件，橙色、白色、蓝色、粉红色或黑色硅胶表带搭配折叠扣，石英机芯。

TISSOT（天梭）和MotoGP的合作已经是第11个年头，手表的外形设计逐渐变化，显得越来越帅气，不变的则是形如刹车片的表圈，以及使佩戴更加伏贴的活动式表耳。今年的两款限量版，都选用了橘黄色作为主色调，搭配PVD镀黑的部件，显得十分有活力。其中之一还搭配了自动机械机芯，透过形如MotoGP摩托车辐条式车轮的透明后盖，可以看到机芯的分秒运作。另一款搭配石英机芯，表背带有MotoGP的logo，表盘为黑色碳纤维材质，正如赛车经常采用的那种超轻的材质一样。

此外，还有一款女款，具有与男款相同的动感外形，但在颜色上，选择了更加纯美的白色以及亮丽的红金色。还另有黑色、橙色、蓝色或粉红色的款式可选。

Sculpture Line Skeleton

18K红金或黄金表壳，直径42.5mm，30m防水，棕色鳄鱼皮表带搭配折叠扣，镂空装饰手动机芯。

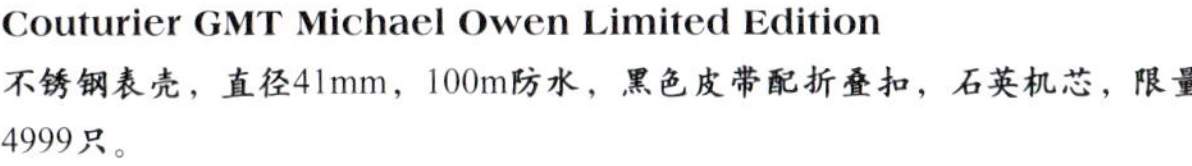

Couturier GMT Michael Owen Limited Edition

不锈钢表壳，直径41mm，100m防水，黑色皮带配折叠扣，石英机芯，限量4999只。

Lady Round Bicolour

不锈钢表壳（部分PVD金涂层），直径38mm，30m防水，石英机芯。

在选择代言人方面，天梭一直很有心得，其中与Michael Owen的合作几乎可以作为行业中的典范案例，不但得到了超过预想的好效果，二者的关系也是稳定融洽。今年的Michael Owen限量版，融合了黑色、白色和红色，这是曼联主场和客场的幸运色。在背面，大大的红色背景上印有Owen的签名及他的代表号码7。

在文雅的款式中，这款镂空表十分吸引人，舒展的表壳由18K金制成，真材实料，内部搭载了一枚大尺寸的手动机芯，并整体采用镂空装饰，包括发条盒及大小钢轮都是如此。镂空线条也比较美观，骨架上还有花纹装饰。在正面，没有采用完全开放的方式，只是有两个大大的窗口，正好将机芯的摆轮部分及发条盒部分显露了出来，可以随时观察到机芯的“心跳”及它的能量。

最后一款清秀的女表，采用金色与不锈钢相间的外观，表盘的设计更是漂亮，纯白色背景，搭配优雅的柳叶形指针。除了6、12两个数字之外，两边配以弧形凹槽，里面用短小的细线画出分钟刻度，保持了表盘清爽的风格，同时又不失时间指示的准确度。

TUDOR

帝舵表

Clair de Rose

18K红金、不锈钢或者不锈钢间金表壳，直径为26mm、30mm或34mm尺寸，Sky、White、Jade或Tahiti Pearl4种珍珠贝母表盘可选，表带有不锈钢、织物和缎面可选。100m防水。自动机芯，38小时动力储存。

2011年TUDOR（帝舵）最大的动作，其实是这款非常女性化的手表，之前的款式无非是男装版的缩小版，今年这个蔷薇实在大不同。其实不光是TUDOR（帝舵），绝大多数品牌很少有专门为女性设计的手表，基本都是将男装表缩小，或者再加些钻石作为女表销售。如今大不一样了，各品牌意识到女性越来越表现出对于手表的喜爱，甚至有着与男人相同的高标准。那些缩小版的男装表逐渐变为所谓的对表，主打"婚恋市场"，女人们则有了自己专属表款或系列。

蔷薇或者叫玫瑰，和TUDOR（帝舵）有着莫大的关系。在古董表时代，该品牌在表盘上的logo就曾交叉使用过大蔷薇和小蔷薇两种版本。当然，那是古董，新款的Clair de Rose的logo十分不同，显得更为具象了。大秒针也化身为一个蔷薇形状，在表盘上每分钟一圈的旋转。4种不同颜色的珍珠贝母表盘上，若隐若现着一些色彩绚丽的如同祥云一样的图案，这是前所未有的妩媚版TUDOR（帝舵）。

Grantour Chrono

不锈钢表壳，直径42mm，配金属链带或者真皮表带（大孔或者密排小孔两种），150m防水。自动机芯，46小时动力储存。

Grantour Date

不锈钢表壳，直径42mm，配金属链带或者真皮表带（大孔或者密排小孔两种），150m防水。自动机芯，38小时动力储存。

Grantour Chrono Fly-Back

18K红金、不锈钢或者不锈钢间金表壳，直径42mm，配金属链带或者真皮表带（大孔或者密排小孔两种），150m防水。自动机芯，42小时动力储存。

对于TUDOR（帝舵）的计时表，我是有着特殊感情的。记得刚刚喜欢手表时，常常翻着日本的手表杂志，看着那些漂亮的Tiger Chronograph哗啦哗啦地流口水。TUDOR（帝舵）勇于尝试，加强与赛车的合作，推出很运动风的计时表。我记得之前的Grantour Chrono 是没有飞返功能的，今年填补了这个空缺。表盘上只有两个小盘，分别是3时位置的小秒盘和9时位置的60分钟计时盘，计时表冠的内侧，特别标有红色及黑色，显得格外现代，充满活力。配有链带及牛皮表带两种，以我喜好，我觉得牛皮表带的更爽。

另外，在同系列中还有一款大三针的款式，以及不带飞返功能的计时款，不论是哪种功能，均遵循了Grantour系列本有的赛车运动气质。

Fastrider

Ref.42000，不锈钢表壳，直径42mm，不锈钢表带、织物表带和真皮表带三种选择，150m防水 。自动机芯，46小时动力储存。

这款表同样源于赛车或任何与速度有关的运动。其名字——Fastrider已经明确地标明了来意。但我自己略有不同看法的是，它同样可以作为一款全天候的运动表。这个集团做的表都相当实在，人家说150m防水，其实对付日常的海边嬉戏也已足够。这种新颖的帆布表带，是从去年的Heritage Chrono开始，品牌说市场反应非常好，所以在今年得到了继续发扬。这款帆布表带的特点是它真的就像帆布一样，不是很厚，很柔软，与其说将表戴在手上，不如说是绑在手上更贴切。夏天戴一只这样帆布表带的表，不仅舒服，随意，容易搭配服装而且带有性感味道，在海边在海里尽情嬉戏也不会有任何担心，它真的是一只精准的手表，而不是时不时还有点罢工脾气的宠物。

Heritage Advisor

Ref.79620T，钛金属和不锈钢表壳，直径42mm，100m防水。不锈钢表带、织物表带和鳄鱼皮表带三种选择。自动机芯，42小时动力储存。

今年TUDOR（帝舵）的最大作品，男装来说，就是这只闹表。既然以Heritage命名，当然是有些来头的：以1957年的一只标志为蔷薇的古董闹表为原型，虽然这个“原”一点也不原，和老款的设计没啥太大关系，无非是那根红色指针老款亦然。对于闹表来说，操作方式和声音是两个重点。以曾见过的闹表来说，有一种是不具备开关功能的，只要有动力，只要到设定的时间就会响，如果上满链的话，你就耐心地听它闹完吧。另一种开启响闹的方法是将相应的表冠拔出一挡，否则就是静音状态，这又担心表冠拔出后的防水防尘问题。最后一种便是这款采用的在8时位置有个开关，可以反复按动它在响闹和静音之间切换。听到声音后，可以立刻把它关闭，不必听它冗长的后续，另外，只要响闹有动力，只需再次开启，它便会在设定的时间点再次响闹。它的使用和别的闹表基本一样，这套便捷的系统，是TUDOR（帝舵）独立研发的，当然在其他的品牌中也能见到这种按键开关式的响闹，但实话实说，那款表着实走的是高端路线，可不像它这样平实、亲民。

雅典表

Cal.UN118

DIAMonSIL制擒纵轮，硅游丝，机芯夹板以Platinoïde铂族金属合金电镀，小三针，动力储存指示，6时位日历，直径31.6mm，厚6.45mm，50石，COSC认证，248个零件，摆频每小时28,800次，60小时动力储存。

在庆祝品牌160周年的时候曾经推出过Cal.UN160机芯，那枚口径很大的机芯十分精美，我说它是ULYSSE NARDIN（雅典）有史以来最美的简单机芯也不为过。2011年再下一城，在Cal.UN160之上继续改进，推出了一个更为特别的东西，特别到暂时还没想好用什么表壳容纳它的存在。基础数据其实和Cal.UN160相仿，相比之下特别之处在于擒纵部分——这个很多顶级大牌都在孜孜不倦地努力攻克的“高科技”位置。ULYSSE NARDIN（雅典）在这方面算是一直走在行业前端的品牌，创造过新式擒纵结构，也是最早开始应用硅材质的品牌之一，曾经还创造过人工钻石材质的擒纵系统。最新的这款Cal.UN118中则合二为一，使用专利的DIAMonSIL擒纵，与Sigatec公司联合开发。从目前来看，硅这种材质的前景很好，不然也不会有那么多顶级大牌都竟相采用这种材质。但是像很多材质一样，硬度增加的同时会丧失韧性，也就是非常脆。甚至有些制表师说在组装的时候，稍有不慎都会将它弄碎（我想应该是特指硅制游丝）。DIAMonSIL，这个名字就很形象地说出了这种新材质的特点，是人工钻石和硅的组合，并且是“on”在上面，人工钻石实际上是薄薄地附着在硅材质表面一层，以增加整体强度。

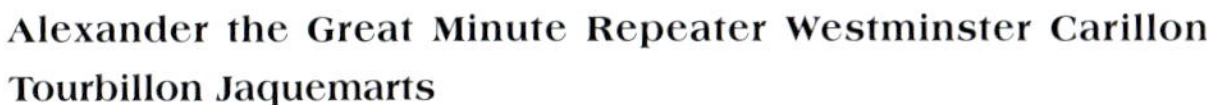

Alexander the Great Minute Repeater Westminster Carillon Tourbillon Jaquemarts

18K红金或者白金表壳，直径44mm，鳄鱼皮表带配折叠扣。Cal.UN-78手动机芯，直径27.6mm、厚8.50mm，70小时动力储存。两种表壳各限量50只。

活动人偶三问绝对是**ULYSSE NARDIN**（雅典）顶级制表技艺的代表，并且佳作频出，在行业内也是一枝独秀。可是很奇怪，好像**ULYSSE NARDIN**（雅典）并不愿越雷池半步似的，并不在这世界最好玩的机芯上做春宫表。之前有些暧昧的，但不够风骚，没有很彻底地以人体赤膊上阵大战功能。2011年的，还是以历史人物为主，大概不想用春宫这种主题破坏了它的历史感，厚重感。当然，表本身，确实很厚重，声音，我个人认为是红金的占优，但美学上有可能不分轩轾，甚至白金的更好。盖因这个盘面是青金石，实际是发黑的，不漂蓝。人物，是亚历山大大帝，一个连自己也打败了的伟大人物。三间则是具有西敏寺钟乐音调的，在报刻时会发出4种不同音高，模仿西敏寺钟声音调报时。表盘上的活动人偶也是在报刻时最为热闹，除了最左边的一个之外，其他的全体动员，开始一场轰轰烈烈的战斗。思敏寺钟乐三间、活动人偶再加上陀飞轮，以复杂程度来说，它一直是排在全宇宙前列的。

Black Sea

不锈钢表壳，经硫化过程处理，直径45.8mm，200m防水，橡胶表带配折叠扣，Cal.UN-26自动机芯，42小时动力储存。

Black Sea，我实在很喜欢这个名字，很有意境，很有内涵。和表的外形也合拍。不锈钢表壳经过硫化橡胶处理，如同薄薄地覆盖了一层哑黑色的橡胶。我记得多年前有个珠宝品牌也做过橡胶表壳的手表，但那时该品牌还没有在手表市场站稳脚跟，虽然是限量的，但最终流落成市场价值不高。橡胶表壳今年也有两三家品牌做了出来，这种表壳很有意思，拿在手里，很像是个玩具，和它的外形比起来，触感则是绵绵的，像是皮肤一样。很想摔在地上看它能不能弹起来。要说橡胶涂层的表壳在性能上有多大好处，我倒觉得，磕磕碰碰之后，想必也会留下痕迹。但现在很多人对于表的要求无非是好玩，好看。除了特别的质感之外，它还有特别的触感。尽管是橡胶，也毫不影响表壳细节设计的展示。

Executive Dual Time Lady

不锈钢和陶瓷表壳，直径40mm，表盘镶嵌49 颗钻石，重0.152 克拉，表圈镶嵌60颗钻石，重1.2克拉，橡胶或者鳄鱼皮表带配折叠扣。Cal.UN-24自动机芯，42小时动力储存。

Caprice Queen of Hearts

18K红金、白金或不锈钢表壳，尺寸34mm×35.4mm，50m防水，红金或不锈钢款镶嵌214颗钻石，重约2.22克拉，白金款镶嵌778颗钻石，重约5.24克拉，魔鬼鱼皮或金属链带。Cal.UN-13自动机芯，42小时动力储存。

调时方便的Executive 两地时去年就推出了女装版，采用的是陶瓷表圈。今年的风格则是更加的华贵和运动，不光追加了更多钻石和彩色橡胶表带，最大的变化在于表耳中间突出的部分，改为更为优美的弧线。表盘自然地选用了各色的珍珠贝母， 表冠上还镶有如同珍珠的白色陶瓷，再加上橡胶表带上的波浪形纹路，ULYSSE NARDIN（雅典）的这种大众表款做出来怎么总有一种大海的感觉呢！当然不是因为我晕船。

另有一款更具装饰性的Caprice Queen of Hearts方形女表，表耳的设计说明了它和两地时表款相同的出身。表盘上六个桃心形状装饰，背景则是绚丽的珍珠贝母，在其中一个桃心里面，甚至将钻石也直接镶在了珍珠贝母上面，表圈及表耳也相应地镶嵌有钻石装饰。不满足的话，还另有一款镶满钻石的款式，更加璀璨夺目。

Van Cleef & Arpels

Five Weeks in a Balloon

18K白金表壳，珍珠贝母镶钻表盘，内填式珐琅工艺，鳄鱼皮表带配白金针扣。Cal.JLC846机芯。

虽然是出身于这个的，但也有些不喜欢，像儒勒·凡尔纳（可怜万宝龙居然还为其做了限量笔），我就觉得这类人不算真正的作家，真正的作家一定是在语言上有所造就的，例如詹姆斯·乔伊斯这类人。不过并不影响我喜欢VAN CLEEF & ARPELS（梵克雅宝）的新作，2011年，多数都和这个童话作家有关。大概我没有什么童年吧，所以对他们都没什么好感。新作，继续以往的浪漫情怀，像这一只，命名已经看得出它的出处了。左右对称，一个是用锚，一个是飞翔的小鸟，分别飞返指示着时间。说VAN CLEEF & ARPELS（梵克雅宝）多少有些女性化我想没人反对吧，或者很女性化——我的意思是，它把大把的时间都花在面子上。表盘做得真的漂亮。

Lady Arpels African Landscape—Elephant，Giraffe，Hippopotamus
Lady Arpels Polar Landscape—White Bear，Whale，Penguin

18K白金表壳，珍珠贝母镶钻表盘，内填式珐琅工艺，鳄鱼皮表带配镶钻针扣。每款限量22只。

无论是欣赏，还是评论VAN CLEEF & ARPELS（梵克雅宝）的作品，不光需要点文学知识，还需要一些地理知识。惜哉这玩意儿我一直学得不好。记得那个很经典的脑筋急转弯：北极熊为什么不吃企鹅呢？因为北极熊在北极，企鹅在南极，它们碰不到面的嘛……继续前边的面子问题，这一系列动物，在盘面上，极致地运用了贝母、珐琅、金雕、珠宝镶嵌等多种工艺的相互结合与融合，口径在38mm前后，虽然是相当女性化的表，但我戴在手腕上一看，咦，好像也还可以呀！动物园里，我最喜欢的是河马那一款，大大的眼睛，叫我想起了很久没见的恐龙君。根据每款不同的颜色搭配，配备不同颜色的鳄鱼皮表带。

Nataf时代的Extreme系列将ZENITH（真力时）带入一个非常extreme的境地。作为喜欢手表的我，真不知道这个品牌将疯狂到怎么样的程度去。但是我知道，计时表本就是ZENITH（真力时）不可磨灭的基因，换了CEO它也不可能有什么本质改变，但在表款设计上有诸多细节变化，并利用自身的计时优势，更加紧密地与多项极限运动合作。

El Primero Stratos Flyback系列是新老板到任后的一款全新的设计，表壳厚重扎实，旋转外圈的设计也是别具特色。刻度表面如同碗边形状向中心倾斜，同时表镜还是凸起式设计，现代中还带有一些复古气息。表耳正面和反面都有两个平面，同时采用了拉丝和抛光两种不同的打磨方式，形成鲜明的对比。这个细节设计还同时应用在ZENITH（真力时）的其他表款中，让我想起了龙泉地区制作的“八面剑”，精致中透着硬朗。还值得一提的是表耳之间的那个金属挡板，这种做法是不是很熟？这一个小设计，让腕表的运动感加倍，帅气加倍，使表壳的整体感也更强。

今年的新款共有两款，具有不锈钢或18K金以及与黑色Alchron铝合金搭配的款式，均是飞返计时功能。其中1/10秒计时表是去年以复刻名义推出的表款的“换装版”。去年的El Primero 1/10秒计时表非常成功，叫好又叫座，换成Stratos表壳之后，更是凸显了计时功能的运动感。表盘上依然是三色小表盘设计，中心10秒一圈的红色指针最大限度地展示出El Primero高振频的优势。

El Primero Stratos Flyback

不锈钢、黑色Alchron铝合金、和黑色Alchron铝合金搭配18K红金三种表壳，直径45.5mm，鳄鱼皮表带。El Primero Cal.405B自动机芯，直径30mm、厚6.60mm，31石，331个零件，摆频每小时36,000次，50小时动力储存。

El Primero Stratos Flyback Striking 10th

不锈钢表壳，直径45.5mm，鳄鱼皮表带或者金属链带配折叠扣。El Primero Cal.4057B自动机芯，直径30mm、厚6.6mm，31石，326个零件，摆频每小时36,000次，50小时动力储存。限量1,969只。

Captain Grand Date Moonphase

18K红金或不锈钢表壳，直径40mm，50m防水，银色雕纹表盘，棕色鳄鱼皮表带，Cal.691自动机芯，直径25.6mm，厚5.67mm，27石，228个零件，摆频每小时28,800次，50小时动力储存。

Captain Dualtime

不锈钢表壳，直径40mm，50m防水，银色或黑色雕纹表盘，鳄鱼皮表带或者金属链带。Elite Cal.682自动机芯，直径25.6mm、厚3.94mm，26石，158个零件，摆频每小时28,800次，50小时动力储存。

Captain Power Reserve

18K红金或不锈钢表壳，直径40mm，50m防水，黑色或银色雕纹表盘，棕色或黑色鳄鱼皮表带，Cal.685自动机芯，直径25.6mm，厚4.67mm，38石，179个零件，摆频每小时28,800次，50小时动力储存。

指挥官系列可以视作该品牌向经典靠拢的代表作，不用讳言，这类ZENITH（真力时）最好卖。简约素雅的表壳、设计以及功能本身，都很符合国人平淡是真的审美标准。今年共有三款，其实都是曾经已有的功能款式，甚至表盘上的各功能所在的位置都没有改。其实即使是换了CEO，也不可能将前任全部推翻，而且这系列表款的设计、表盘上各功能的布局一直都挺合理，也很美观。表壳换成了全新的，像之前说的，那个表耳是“八面剑”的样式，也是换了一副全新的面貌。

El Primero Chronomaster Open Power Reserve

不锈钢、18K红金或者间金表壳，直径42mm，银色或黑色表盘。El Primero Cal.4021P自动机芯，直径30mm、厚7.85mm，39石，248个零件，摆频每小时36,000次，50小时动力储存。

记得在没有1/10秒计时表的时候，El Primero的高摆频就是通过这种开窗式的方式展示，所以它是名副其实的旗舰。去年这个系列中推出了陀飞轮，居然也还有不锈钢版本，问过价钱才知道新任总裁Mr.Jean-Frederic Dufour 的手腕还是很强硬的。今年开心的不是陀飞轮，只是计时表，也算是以前表款的延续，一样有多种材质表壳。设计比之前还要“精细”很多，例如动力储存部分就好看多了。我相信，这种用来赚钱的表，一定可以赚不少钱，只要实实在在有货可卖。